自分のやりたいことを全部
最速でかなえるメソッド

高速仕事術

上岡 正明

amioka

アスコム

やりたいことをやれ
好きなことをしろ

そういう本はたくさんありますが、
それを実現させるための
具体的で詳細なノウハウが
書いてある本は意外なほど少ない。

この本は、そのノウハウを
余すところなく書きました。

人生の時間は想像以上に短い。

準備が整ったらとか、
お金が貯まってからとか言っていたら、
あっという間に時間は過ぎてしまいます。

変わるなら、いましかないのです！

「究極のゴール、小さなゴールを決める」
「短い時間の集中力を高める」
「時間を意識する（終わる時間を決める）」
「インプットしたものは必ずアウトプットする」
「すぐ改善する、何度もアウトプットする」

高速仕事術は、これらのメソッドを駆使して、
スピード×集中力×生産性を
最大化させ、短期間で
圧倒的スキルアップを実現します。

まず、次の項目をチェックしてみてください。

□ 毎日残業している

□ 仕事への集中力が続かない

□ 時間をかけたわりに、望む成果を上げられない

□ メール返信や雑務、会議に忙殺《ぼうさつ》されている

□ 仕事が楽しくない。モチベーションが上がらない

□ スキルアップのための時間がほしい

□ 読書などで勉強をしても内容を忘れる

□ 将来リストラの対象にならないか不安

□ライバルよりも早く出世したい
□副業を始めようと考えている
□起業や独立を考えている
□将来役立つ新しいキャリアを築きたい
□短期間で資格試験に合格したい
□自分の強みを作りたい
□もっとお金を稼ぎたい

ひとつでも当てはまるなら、高速仕事術の出番です。
高速仕事術なら、これらの課題をまとめて
解決することができるはずです。

高速仕事術は3日、3カ月、3年がサイクル！
高速仕事術を始めると…

【3日】

たった3日で、あなたの働き方は変化し始めます。**3日前とは明らかに違う成果を上げられるように**なります。

【3カ月】

3カ月という短い期間で、**「専門スキル」が身につき、一生ものの「キャリア」を**築けるはずです。

【3年】

3年で「ミリオネア」になることも夢ではありません。

なぜ、高速仕事術に
そんな特効薬のようなパワーがあるのか？

それは、
高速仕事術は脳科学を徹底活用し、
人間の特性に合わせて、
最大限効果が出る方法を導き出したからです。

脳の特性を理解し、
脳のパワーが最大化する方法を知れば、
誰でも仕事のパフォーマンスを
アップさせることができます。

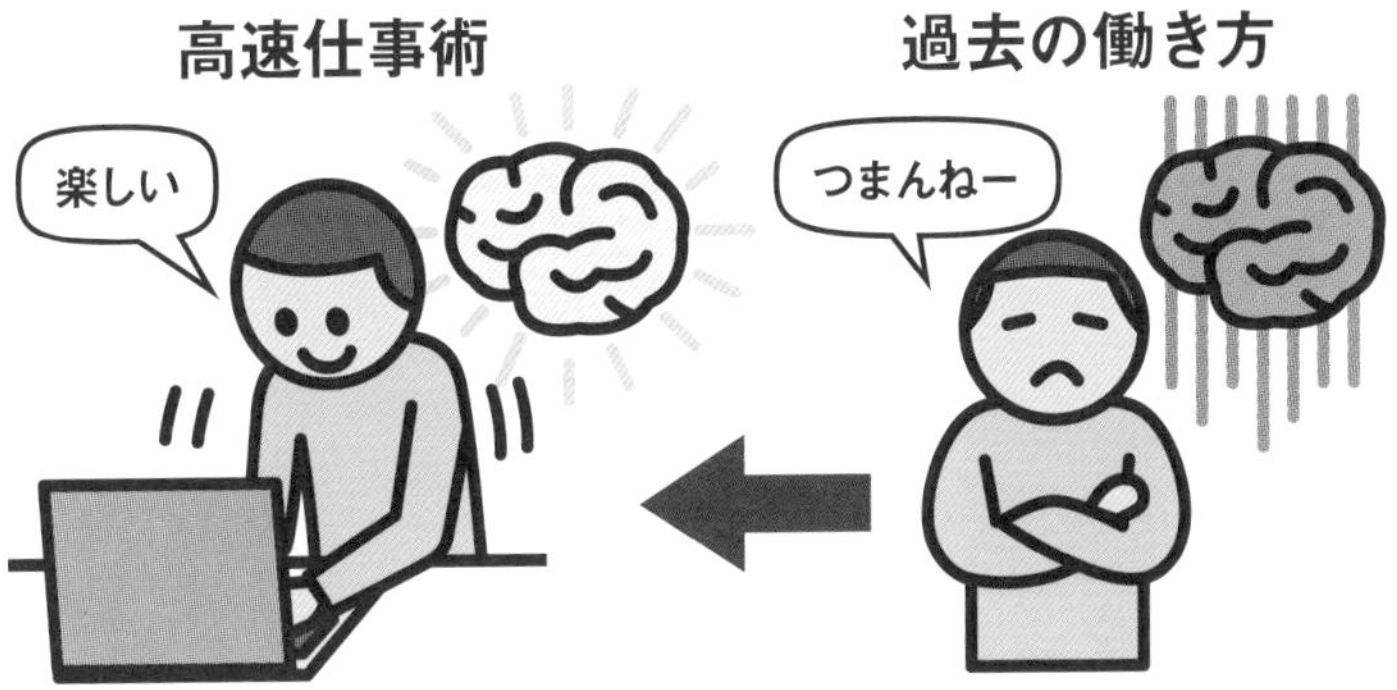

かくいう私は、高速仕事術を考案・実践し、

「放送作家」「経営者」「投資家」「MBA取得」「脳科学者」「ユーチューバー」など、さまざまなキャリア形成に成功しました。

たった3日で「経営者」になり、3カ月後には経営ノウハウをマスターし、大きなプロジェクトを成功させました。「投資家」としては、3カ月後には安定した利益を生み出し、3年後には億を稼ぐレベルに達しています。

本業の合間に「脳科学者」として活動できるのも、私の生産性が高速仕事術によって他を圧倒しているからでしょう。最近では、ユーチューブを始めて3カ月で4万人、5カ月で6万人のチャンネル登録者を得ました。

すべてがまったくの門外漢、ゼロからのスタート。

しかし、**3カ月後にはすでに肩書きとして名乗れ、3年後にはその道のプロと呼べる領域に達した**のです。

すべて高速仕事術のおかげです。

高速仕事術はキャリア形成のためだけでなく、日々の仕事のスピードを高速化し、生産性を上げるのにも非常に有効です。

もしあなたが、

「仕事の忙しさから解放されたい」
「もっと自由な時間がほしい」
「新しいスキルを身につけたい」
「副業や新しいキャリアを築きたい」と願うなら、

高速仕事術は、必ずや頼もしい味方になってくれるでしょう。

高速仕事術と従来の働き方の違いは、大きく2つあります。

1つ目は、**高速仕事術は「1つのことにフォーカスする（焦点を当てる）」働き方である**ことです。従来のサラリーマン的な働き方では、1つの物事に集中して取り組むことができません。

何かを成《な》し遂《と》げるためには、ムダな仕事や雑念を排除して、目標を達成するためのタスクだけに力を集中させる必要があります。

私はこの力を**「フォーカス力」**と呼んでいます。

フォーカス力を上げるためには、先に述べたように、

「究極のゴール、小さなゴールを決める」
「短い時間の集中力を高める」
「時間を意識する（終わる時間を決める）」必要があります。

フォーカスする働き方

究極のゴール
制限
時間内に
小さなゴール
行動する
集中する
小さなゴール
ゴールを
決める
小さなゴール
ムダな
仕事は排除

2つ目は、**「インプットとアウトプットと改善」**を高速でサイクルさせることです。

私はこれを、それぞれの頭文字を取って、

「IOK（アイオーケイ）高速サイクル」と呼んでいます。

あらゆる仕事は、インプットとアウトプットと改善の繰り返しで前進していきます。しかし、従来の働き方だと、それが成果を上げるためのサイクルになっていない人が非常に多いのです。

インプット（情報収集）は、常に何かしらのアウトプット（行動）に役立てなければ、なんの成果にもつながりません。そこで高速仕事術は、

「インプットしたものは必ずアウトプットする」
「すぐ改善する、何度もアウトプットする」

ことを原則とし、

仕事が停滞することを防ぎ、高速で目標達成のゴールへと近づいていきます。

アウトプットだけが成果になる!

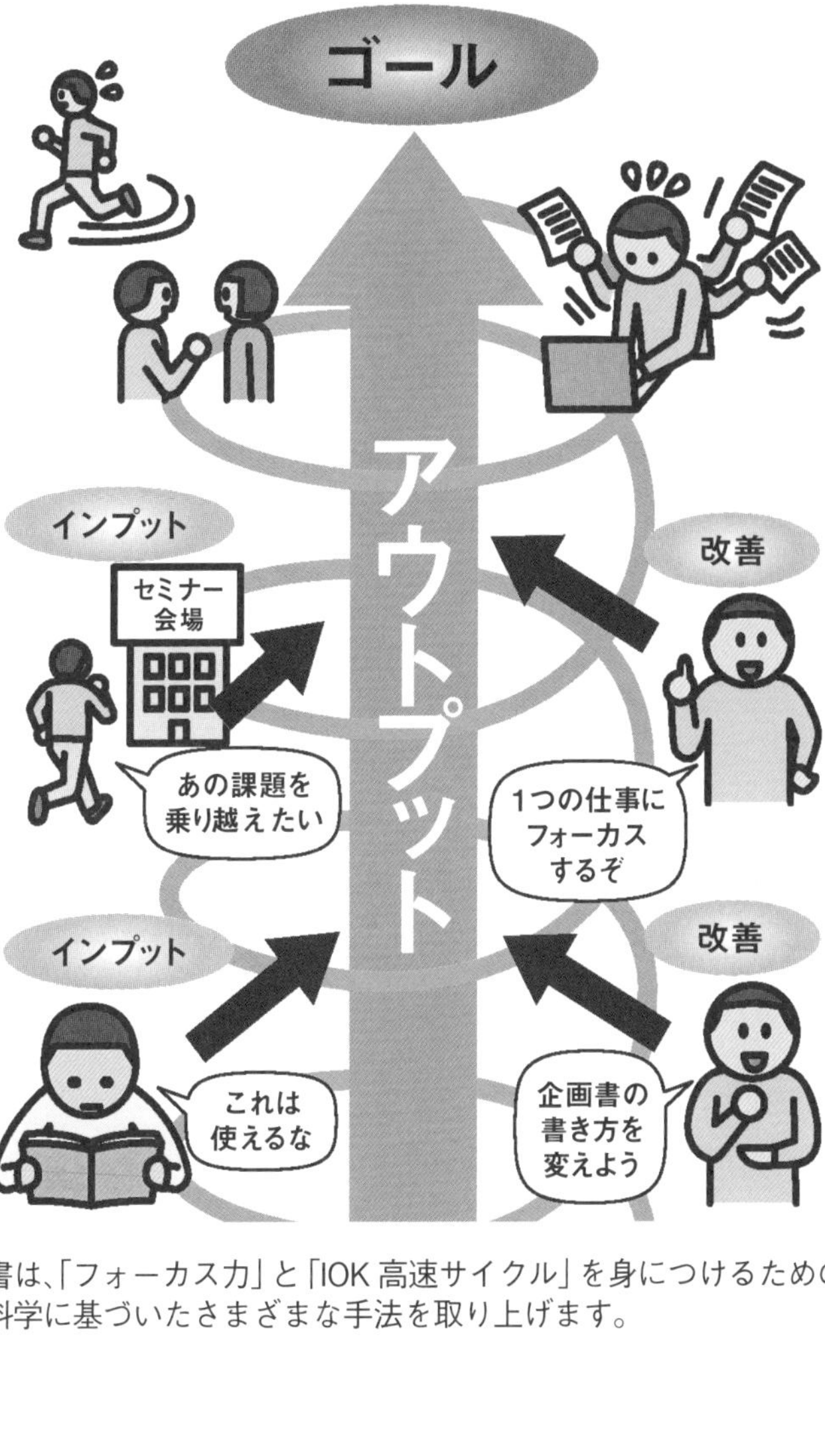

本書は、「フォーカス力」と「IOK高速サイクル」を身につけるための、脳科学に基づいたさまざまな手法を取り上げます。

さあ、さっそくあなたも
高速仕事術で
理想の人生を手に入れましょう！

プロローグ

第1章 なぜ「高速仕事術」で、みるみる成果が上がるのか？――49

第2章

3日で劇的に成長する！「高速仕事術」のやり方

第3章

第5章

3年でミリオネアに！ライバルに差をつけるための対人力

第6章

高速仕事術にパワーを与える生活習慣

プロローグ

これからの時代に求められるのは「個の力」

2020年のコロナショックは、私たちの働き方に大きな変化をもたらしました。多くの企業がテレワークを導入するなどしたこともあり、これからの働き方について漠然《ばくぜん》とした不安感、あるいは期待感を抱いている人は少なくないでしょう。今後、AIなどのテクノロジーがますます飛躍的《ひやくてき》に進化していくことが予測できます。ホワイトカラーの仕事の多くが、AIに代替《だいたい》される未来もそう遠くないかもしれません。

そんな過渡期に生きる私たちは、今こそ個々人の「働き方改革」を断行しなければなりません。

なぜなら、アフターコロナの時代を生き抜くためには、「個の力」をいかに伸ばせるかにかかっているからです。

人生を企業に委《ゆだ》ねることで生活できていた時代は、終焉《しゅうえん》を迎えました。

終身雇用はとっくに崩壊し、何のスキルも持たないまま年齢を重ねた人は、その多くが残念ながらリストラの対象になります。また、企業の中でも、個のスキルや仕事力がますます厳しい目で問われることになるのは間違いありません。

つい最近では、広告代理店最大手の電通が従業員とフリーランス契約を結ぶとして、世間を騒がせました。


すでに、組織の枠組みを超えて「個」と「個」によるプロジェクトベースで行われる仕事が増えており、また起業やフリーランス、副業なども視野に入れて働くことが必要となってくるでしょう。

つまり今、**「それであなたは何ができるの?」が問われているのです。上司に指**

示されたことだけやったり、ふんぞり返って部下に指示だけするような時代は終わりました。誰かに何かをやってもらうことに慣れ切ってしまっている、昔ながらの働き方をしていたら、いつまで経《た》っても「個の力」は伸びません。

そうはいっても、日々の仕事に追われて、自由な時間がなく、自分を成長させるための時間を取れない人が大多数でしょう。

では、どうすればいいのか？

そのための武器を、私は皆さんに提供します。

今日から、高速仕事術を始めてください。

高速仕事術なら、高い集中力が持続し、仕事を終わらせるスピードが格段にアップします。見違えるほどの成果を上げられるようになり、あなたの「個の力」をぐんぐん伸ばしてくれます。

私は高速仕事術で次々と「個の力」を伸ばした

私は今、冒頭でもお話しした通りコンサルティング会社など3社のグループカンパニーを経営する傍《かたわ》ら、株式投資家、不動産投資家、5カ月で登録者6万人のユーチューバーとしても成功しており、充実した毎日を送っています。

また、大学院でMBA（経営学修士）を取得したり、脳科学や心理学の研究をしながら大学の非常勤講師として教壇に立たせていただくなど、職種をまたいで幅広いキャリアを形成しています。


なんだ、自慢かと思うかもしれませんが、そうではありません。

もともと私は生まれてすぐに母親を失い、その後、親戚の家を転々とするなど不《ふ》遇《ぐう》な少年時代を過ごしてきました。大学を中退した後はフリーターになりかけたり、真剣に自分の人生を悲観したこともありました。

もしあのまま、自分の仕事や学習のやり方を見直さず、人生に悲観し続けていたら、私自身がリストラの対象になっていたことでしょう。

逆にいえば、**私がどん底から這《は》い上がり、人生を逆転させるには、すべてにおいて高速で仕事をするしかなかったのです**。

幸運にも、今では、何かひとつに失敗しても、ほかにもできることがたくさんあるため一生食うに困ることはありません。

なぜ、私が忙しい経営の合間に、これほどたくさんのキャリアを築けたのか。

それは、「高速仕事術」を実直に貫いてきたからにほかなりません。

これから紹介する高速仕事術は、たまたま拾ってもらった作家のもとで放送作家見習いをしていた20代の頃に編《あ》み出した働き方です（経営者になる前は「天才・たけしの元気が出るテレビ!!」や「ボキャブラ天国」などの放送作家をしていました)。

その後、経営や投資などさまざまな分野で併用《へいよう》や応用ができるように、脳科学的な視点から改善と進化を重ねて、本書で紹介する「高速仕事術」が生まれました。

忙しい経営の合間に私がこれほどたくさんのキャリアを築けたのは、高速仕事術がとにかくハイスピードで目標に到達できるメソッドだからです。

経営者の中には、0から1を生み出すのが自分の役割だと考えている人が多くいます。1から99は、誰かにまかせるというスタンスです。

それは大変効率的な働き方だと思いますが、私は違います。私は0から100まで全部やりたい人なのです。そのおかげで、さまざまなスキルが身につき、キャリアを築くことに成功しました。しかし、0から100まで全部やるには、物事にフォーカスして誰よりも速く仕事をこなさなければなりません。そのために生み出したのが、高速仕事術なのです。

いかにしてひとつの仕事にフォーカスできるか

仕事を高速で終わらせてゴールに到達するには、その仕事に全力で集中する必要があります。高い生産性を誇るハイパフォーマーたちは皆、物事への集中力が格段に高いことがわかっています。

2012年、インディアナ大学は63万人を対象に、起業家、政治家、アーティストなどの職業から、生産性が異常に高い人たちの特徴を調べました。その結果、ハイパフォーマーたちは、常に一般人よりも400%を超える生産性を誇っていることがわかっています。

なぜ彼らは、一般人より4倍以上の成果を上げられるのか？

その理由を「才能」と片づけるのはたやすいですが、実はハイパフォーマーたちは、脳の機能を最大化するために、無意識に似たような働き方をしていることがわ

ハイパフォーマーはムダな仕事をしない

かっています。

具体的には、**ハイパフォーマーたちは極端にやることを絞り、それ以外の仕事は後回しにしたり、もしくは「やらない」という選択をしています。**

なぜ彼らが「やらない」という選択をするかというと、「やる」と決めたすべての行動を成果につなげるためです。

統計学から生まれた「パレートの法則」によると、**「仕事の成果の8割は、たった2割のアウトプット」から**

生まれたものだとされています。

つまり、それ以外の8割の仕事は、何も生み出さない時間のムダというわけです。ハイパフォーマーたちはこのことを熟知《じゅくち》しているため、2割のアウトプットに全力で集中し、一般人の4倍以上の成果を上げているといえます。

高速仕事術のメソッドは、このハイパフォーマーたちの働き方を、私たち一般人でも行えるように体系化したものです。

彼らのような働き方ができなくても、高速仕事術で同じ働き方をすることで、自動的にフォーカス力はアップします。

インプットについての意識改革をせよ

しかし、いくら物事にフォーカスして集中力を高めても、目標達成への道筋を間違えていたら元も子もありません。

あなたが目指すゴールに到達するには、小さなゴールを設定してそれをクリアしていけるように、とにかくアウトプット（行動）しなければなりません。**アウトプットだけがあなたの現実を変えてくれる**のです。

極論をいえば、アウトプットを続けてゴールに最短で到達できるならば、インプット（情報収集）などする必要は一切ないでしょう。

実は、ここが高速仕事術のもうひとつのポイントです。

一般企業で働いたことがなかったり、実業をしたことのない研究者に多いのですが、ことあるごとに「インプット」の大切さを語る人がいます。

インプットはたしかに大切です。でも、ムダなインプットをしている人があまりに多いと感じます。

インプットが大切だからと、漫然《まんぜん》とビジネス書を読んだり、セミナーに参加したりしている人がいますが、生産性を上げるという意味においては、はっきりいって大きな遠回りになりますし、目的を見失ったインプットは無意味です。なぜなら、**インプットは問題や課題が生じて初めて必要になるもの**だからです。

まず、アウトプットしてみる➡問題や課題が生じる➡ここで初めてインプットが必要になるわけです。

たとえば、さあ今日からユーチューバーになろうと思い立ったとしましょう（私は5カ月で6万人のチャンネル登録者を得ることができました）。

そこで、ユーチューブのチャンネル登録数を稼《かせ》ぐためにはどんな方法があるのかと、いちいち情報収集しても無意味です。なぜなら、まだユーチューバーになっていないからです。

正しくは、とりあえずユーチューバーになる➡動画を撮《と》ってみる➡その動画をアップしてみる、チャンネル登録数が伸びないという課題が見つかる。ここで初めてインプットすべき対象がわかり、成長や成功のための本格的な情報収集を始める

高速仕事術での仕事の進め方

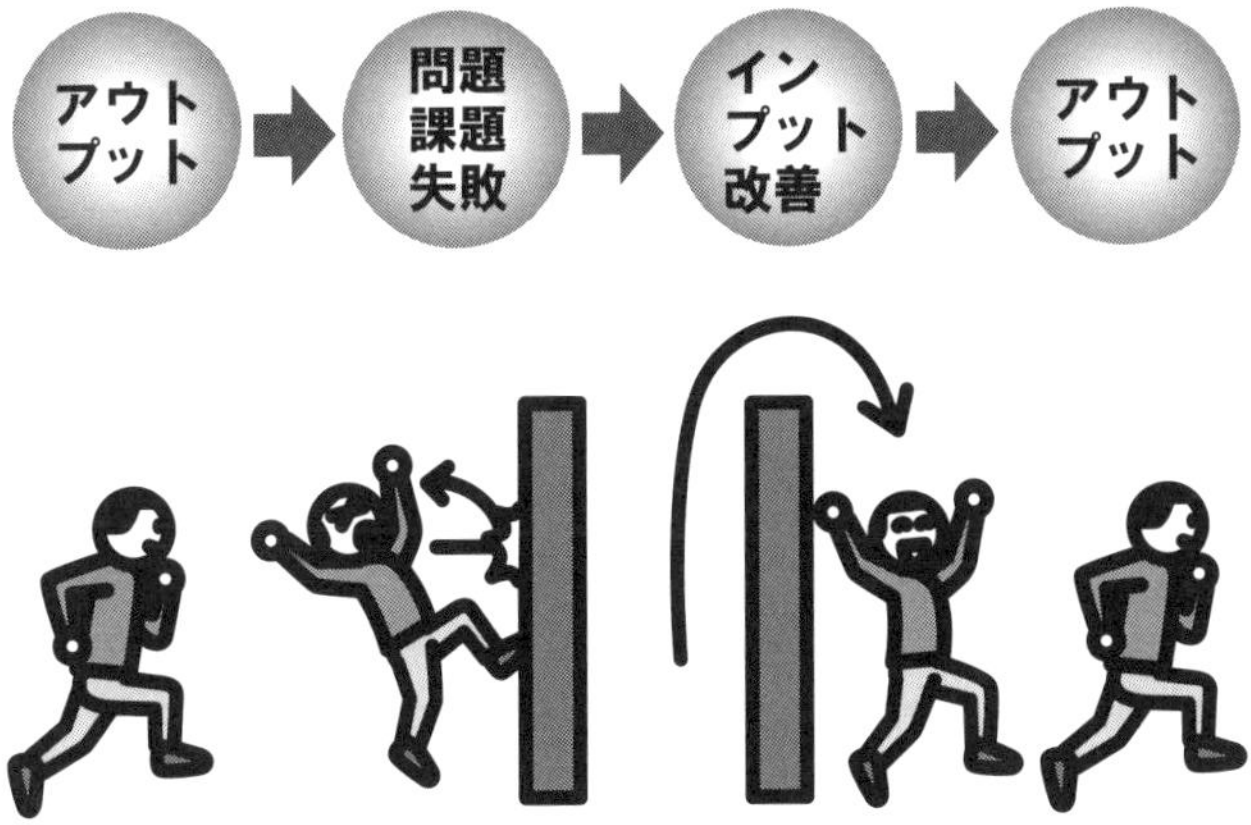

のです。

このようにしなければ、いつまで経っても物事は前進していきません。

情報不足でアウトプットをすれば、失敗することもあるでしょう。

しかし、高速仕事術では逆の発想をします。失敗を高速で繰り返して、インプットを加速度的に積み上げていく。もし失敗したら、即座に正確で目的にも合致したインプットをして、秒速で改善するまでのこと。

高速仕事術では、失敗や壁そのもの

を味方としていくわけです。

このような、アウトプットとインプットと改善を高速でサイクルさせることを、私は **「IOK（アイオーケイ）高速サイクル」** と呼んでいます。

フォーカス力を高め、IOK高速サイクルを回す。高速仕事術の原則はこの2つだけ。シンプルなことですが、意外とできていない人が多いのが現実です。

脳は何歳からでも鍛えることができる

理屈はわかった。けれど、それができないから仕事が遅いのだ、と反論される方も多いかもしれません。

けれど大丈夫です。「フォーカス力を高めて、IOK高速サイクルを回す」ということだけ覚えていただけば、あとは本書で紹介していくメソッドを愚直《ぐちょく》に行っていくだけです。

あなたの脳は勝手に覚醒《かくせい》していきます。

何歳になっても、です。


その科学的根拠を紹介しましょう。

ひと昔前まで、脳の成長は10代で終わり、20歳頃を境に、ゆっくりと機能が衰《おとろ》えていくと考えられていました。脳の神経細胞であるニューロンは少しずつ死に、再生することはないとするのが定説でした。

しかし、最新の脳科学はこの見解を覆《くつがえ》しています。


あなたは「脳のシナプス可塑性《かそせい》」についてご存じでしょうか。「可塑性」とは、「変化する能力」という意味です。

成人の脳には約860億個の神経細胞（ニューロン）があります。ニューロンとニューロンは「シナプス」と呼ばれる突起《とっき》を介して互いにつながっており、神経伝達物質を送ることで情報をやりとりしています。まるで電子回路のような神経ネットワークが脳内に張り巡らされ、情報が信号として瞬時にやりとりされているため、私たちは考えたり、記憶したり、体を動かしたりすることができるわけです。

このシナプスの数が多く、大きいほど、情報伝達のスピードが速くなります。

つまり、シナプスを鍛えれば鍛えるほど、思考力も記憶力もアップするというわけです。

そして驚くべきことに昨今、年齢に関係なく**シナプスは新しい経験や体験によって、数を増やしたり、大きくできることがわかってきました**。脳神経学者のエリック・カンデル教授は、神経ネットワークを自分で増やせることを科学的に証明し、この研究は2000年にノーベル生理学・医学賞を受賞しています。

次のような実験もあります。

たとえばドイツのハンブルク大学のボイク博士は、平均年齢60歳の50人に次のような実験を行いました。

「ジャグリングの練習を3カ月するグループ」と「練習をしないグループ」に分け、3カ月後に脳の測定を行ったところ、練習していたグループは動体視力を司《つかさど》る脳の部位が4％近く厚みが増していたのです。

これらが何を意味するかというと、**脳は何歳になっても刺激を与えれば成長させることができる！**　ということです。

高速仕事術は、フォーカス力を高め、IOK高速サイクルを回すために、脳にこれまで経験したことがなかった刺激や、ほどよい負荷を与えます。

すると、脳のシナプスの数は多く、太く、大きくなり、情報伝達の速度が高速になっていきます。

結果として、年齢に関係なく適度な負荷をかけ続けることによって脳は成長して、あなたの仕事力も発想力も自然と高まっていくのです。

一生食うに困らない「スキル」を身につけ、「キャリア形成」しよう

高速仕事術は、「高速タイムアタック時間術」「90分×3セット仕事術」「シングルタスク集中術」「高速読書術」「超集中フォーカスノート術」をメインメソッドとして、いずれも脳にほどよい負荷を与える働き方です。

一般に、仕事のモチベーションを最大化させるには4％程度の負荷を与えることがベストだと考えられています。これはちょうど、テレビゲームをしているときと同じレベルの負荷です。

たとえば、スーパーマリオブラザーズをして、一発で簡単にクリアできてしまったら熱中できませんよね。簡単でも難しすぎもせず、難所といわれるステージでも3、4回繰り返したらクリアできるちょうどいい難易度《なんいど》だからこそ、ゲームにのめり込めるわけです。

同じように、高速仕事術も、ちょうどいい難易度に設定しているため、ゲームに

没頭《ぼっとう》するように仕事に集中することができます。

だから、気軽に始められて、ゲームのように継続《けいぞく》することができるのです。ゲームのように熱中すれば、別名、成功者物質とも呼ばれる神経伝達物質のドーパミンが分泌《ぶんぴつ》されて、どんどん仕事に集中したり、物事を成《な》し遂《と》げるのが楽しくなってきます。

このほかにも、まだまだ仕事を高速にするメソッドが本書にはたくさんあります。本書を読めば、高速仕事術のノウハウをすぐに理解することができるでしょう。

試《ため》しに3日でも行ってみれば、すぐにそのパワーを実感できるはずです。仕事があっという間に片づき、ハイパフォーマンスを発揮する自分に驚くはずです。

何か新しいことを始める人は、3日もあればデビューできます。私は「作家」にも、「ユーチューバー」にも、「経営者」にも、そしてテレビや日経ヴェリタスにも取材された「投資家」にも3日でなりました。だらだらとインプットばかりを繰り返していたら、こうはいかなかったでしょう。

そして、3カ月も高速仕事術を続ければ、先のハンブルク大学の研究にもあるように、あなたの脳は構造的な変化を起こしています。

また、どんな仕事でも3カ月もすれば、さまざまな成功や失敗体験をすることができます。**これら一連の体験を乗り越えることで、あなたは一生食うに困らない「武器」を身につけ、新たな「キャリア」を形成することができるでしょう。**

さらに、3カ月続けられれば、3年続けることだって可能です。3年も続ければ、時代の変化や経済の浮き沈みなど、イレギュラーなことも経験することができます。

投資家として、私は3年後には1億円を稼ぐプロフェッショナルになることができました。高速仕事術を実直に継続し、リーマンショックの際も動じない、盤石《ばんじゃく》のスキルを手にしていたからです。今回のコロナショックも、高速仕事術があれば怖くありません。

私は一部の特別な人向けに、これらを書いているわけではありません。冒頭でお伝えした通り、私は学生時代、落ちこぼれでした。中学時代は赤点を取り、第一志望の大学には受からず、何ひとつ達成できない自分に嫌気がさしていたとき、私を救ってくれたのが「高速仕事術」でした。

今でも忘れません。放送作家の見習いとしてテレビ局に出入りしていた頃、見様《みよう》見真似《みまね》で台本を書いては（アウトプットしては）、テレビ局のゴミ箱に捨てられていた台本で書き方を見直し（インプットし）、トライ&エラーを繰り返しながら改善をし、前進し、初めて自分の台本が採用されたときの喜びを。

あの頃の私は、ドーパミンもドバドバでした。後で詳説《しょうせつ》しますが、適度の負荷をかけてアウトプットや行動を続けることは、脳のドーパミンを活性化させることもわかっています。経営者にトライアスロンやランニング好きが多いのも、あながち偶然ではないのです。

高速仕事術をノウハウとして体系化してからは、目標が定まれば、それに向かって一点にフォーカスし、ゲームを楽しむかのように集中して取り組み、IOK高速サイクルを回しながら、次々と成功を重ねています。

思い立ったが吉日《きちじつ》。何事もとりあえず始める（アウトプットしてみる）ことです。やるのか、やらないのか、すべてはそこから始まります。

「やる」と決めたあなたを、私は全力でサポートします。

あなたのことを、挫折の中で走り始めた放送作家見習いだった若き日の「私」だと思って、全力で応援したい。

高速仕事術が、あなたの3日後を、あなたの3カ月後を、あなたの3年後を変えることを願っています。

\ High speed /

第1章

なぜ「高速仕事術」で、みるみる成果が上がるのか？

High speed

高速仕事術は成果を出すための研ぎ澄まされた仕事術

ノウハウコレクターになってはいけない

高速仕事術の具体的な進め方をお伝えする前に、まずこの章では、高速仕事術をするとなぜ仕事のスピードが上がり、成長して夢が実現したり、成功を勝ち取ることができるのか、その理由について解説していきたいと思います。

この前提の部分を理解しておくと、自分がどのように進化していくのかイメージすることができます。

実は、これを意識しておくことが非常に大切です。

私たちの目的は、「ノウハウを取得すること」ではありません。もっというと、仕事の生産性を上げることでも、集中力を高めることでもありません。**目標を定めて、そこにたどり着くことが最優先課題**のはずです。あくまでそのための「ノウハウ」であって、ノウハウを取得すること自体が目的ではないことを自覚しておくべきでしょう。

本章は、高速仕事術が目指す理想の働き方を解説していきますが、ここを読むだけですぐにあなたの働き方は変わっていきます。第2章以降で解説する具体的なノウハウは本章の働き方をサポートするためのものと捉《とら》えてください。

いわば、ロールプレイングゲームにおけるアイテム的な役割がノウハウなわけです。いくら伝説の神のアイテムを収集しても、それを何のために使うのか理解しておかないと、宝の持《も》ち腐《ぐさ》れになってしまいます。

なぜ初めにこのことをお伝えしたかというと、**世の中には今、ノウハウばかりを収集する「ノウハウコレクター」があまりにも多いと感じるからです。**

書店のビジネス書の棚には、これでもかと仕事のノウハウを記《しる》した本が溢《あふ》れています。ネットで検索すれば、それこそ数百、数千ものノウハウを見つけることができるでしょう。

しかし、**ノウハウや方法論をいくら集めたところで、現実でアウトプット（行動）しなければ何の成果も上げられません。**

高度情報化社会になり、ノウハウばかりをインプットすることに終始し、何もしない人が増えていると感じます。

ノウハウミニマリストを目指し、思考ノイズを消せ

ノウハウを集めすぎると行動ができなくなるのには、理由があります。人間は選

択肢を増やしすぎると、行動を起こせなくなってしまう傾向があるのです。

著書『選択の科学』で有名なコロンビア大学ビジネススクールのシーナ・アイエンガー教授は、「選択肢が多ければ多いほど、顧客の購買意欲は低下する」との研究結果を発表しています。

アイエンガー教授は、スーパーマーケットのジャム売り場に試食ブースを作り、24種類のジャムと6種類のジャムを数時間ごとに入れ替え、顧客の反応を調べる実験を行いました。すると、24種類のときは3％しか売れず、6種類のときは30％近くが購入したといいます。

つまり、**選択肢が多いと、迷いが生じてしまい、人は行動を起こせなくなってしまうのです**。

このことは仕事のノウハウについても同じことがいえます。

たとえば、「仕事を先送りせず、すぐやる方法」というノウハウがあるとしましょう。メモの書き方、タスクの細分化、時間の管理など有効な手法は山ほどあるでしょう。

しかし、それらのノウハウを覚えれば覚えるほど、やるべきことがどんどん増えて、肝心なことを「すぐやる」ことができなくなってしまいます。

どれが一番効率のいい方法かを悩み、その悩みを解決するためにさらに別のノウハウを探す。

こうなってしまっては、まさに本末転倒《ほんまつてんとう》です。ノウハウを収集することは思考ノイズを増やすだけです。

どんなテクニックを覚えたところで、先送りしてしまう人は先送りをしてしまいます。これは仕事術うんぬんの問題ではありません。「すぐやる」を強く意識していないからです。

では、「すぐやる」にはどうすればいいのか。

その答えは、単純です。すぐ「やる」だけです。まずは「失敗体験」を手に入れることを前提にして、やればいいだけの話です。

こう書いてしまったら元も子もありませんが、だからこそ高速仕事術のノウハウよりも、高速仕事術の全体像をつかむことをまず優先していただきたいと思っています。

\ High speed /

頑張っているのにあなたの仕事が遅いのには理由がある

仕事は「インプット×アウトプット×改善」の繰り返し

高速仕事術は、インプット（情報収集）とアウトプット（行動）と改善の3タームを、時間差なく同時サイクルで仕事を進めていく働き方です。

こう書くと、よくわからないと思考が止まってしまう人がいますが、何も難しいことはありません。あなたも仕事をする際、必ずインプットとアウトプットと改善を繰り返しているはずです。

たとえば、１週間後までに新商品の企画書を作る仕事があったとしましょう。企画書を作るのは、あなたはこれが初めてです。

そのときあなたはまず何をするでしょうか？　企画書の前例をチェックしたり、わかりやすい企画書の作り方を本で学んだりと、「インプット」することでしょう。その後、実際に企画書を書くという「アウトプット」をして、上司からの意見を聞いたりしながら、「改善」を重ねていくことになります。

簡単な例を出しましたが、**あらゆる仕事は「インプットとアウトプットと改善」をサイクルさせることで前に進んでいくのです。**

つまり、仕事を高速化させるということは、この３つのタームをできる限り速く、できれば同時に回していくことを意味しています。

仕事が遅いタイプの人にありがちなのは、インプットに必要以上の時間をとって

しまう点です。企画書を書くノウハウを調べ出したら、さまざまな人がそれぞれの切り口でノウハウを解説しています。選択肢が増えていくと、どれが自分に適した方法なのか迷いが生じ、結果としてアウトプットにも時間がかかってしまいます。

また、仕事が遅い人は、完璧主義者であることが多く、1回目のアウトプットで100点の出来を目指してしまいます。だから、遅くなっているのです。

ただ、すべてのプロセス上に「改善」というタームがあれば、初めは100点を狙うよりも、60点くらいの出来でアウトプットし、上司のアドバイスやさらなるインプットをして100点へとブラッシュアップしていくことができます。

一人でウジウジ悩んでいる時間がなくなるため、仕事はあっという間に終わっていくでしょう。

このように**「インプット×アウトプット×改善」を高速でサイクルさせる意識を持つことを、私は「IOK高速サイクル」と呼んでいます**。

あなたがもし、自分の仕事がなかなか終わらないと悩んでいるならば、「IOK

高速サイクル」が回っているか、常に意識しておくべきなのです。

成果を上げるための必須条件「フォーカス力」とは

私が働くコンサルティング業界は、尋常《じんじょう》ではない速さが求められます。顧客のニーズに応えるために、的確な情報収集をし、最適な戦略プランを提示し、それを即座に実行に移さなければなりません。好機《こうき》を逃《のが》すとその効果を最大化させられないからです。

コンサルティングのプロジェクトは、２、３カ月程度の短期集中型のものが多いため、**仕事の遅さは即致命傷《ちめいしょう》となります。顧客からの信用も失ってしまいます。**

そのため、他業種に比べてもスピード感を求められる仕事といえます。

だから「ＩＯＫ高速サイクル」をマックスで回していかなければならないのです

が、そのとき大切なのは、「余計なこと、今やらなくていいことをやらない」ことに尽きます。**最も大事なことにフォーカスして、些細《ささい》なことは切り捨てる覚悟を持つことが大切です。**

たとえば、新商品や新規事業をコンサルティングする場合、クライアントから現状の課題や目標をヒアリングし、「誰に」「どのような手法で」「どう伝えるか」の戦略を練っていきます。

このとき、テレビやラジオ、新聞や雑誌、ウェブメディアやＳＮＳ、イベント開催や記者会見、書籍出版などさまざまな手法が考えられます。

こうした際、新人が陥《おちい》りがちなのが、ゴールイメージやターゲットを絞り切れず、ノーフォーカスの状態でインプット（情報収集）してしまうことです。

加えて完璧主義の人は、あらゆるメディアの情報収集に時間を費《つい》やし、悲劇的なタイムロスをしてしまうことになります。

時間は有限です。インプットをすることは安心感につながりますが、時間を浪費するばかりで成果にはつながりません。

必要なのは、早めに仮説となるゴールやターゲット層を見極めて、改善しながらトライ＆エラーの中で的を絞っていくやり方です。

たとえば、「20代女性に向けて売る」と見極めたら、徹底的にＳＮＳマーケティングにフォーカスし、その分野の情報をディープに集めて、最短距離でアウトプットにつなげていくのです。ライバルの追随《ついずい》も許さず、大きな差となってあなたやあなたの会社を支えてくれます。

ひとつのことにフォーカスして、深く掘り下げていくことは、仕事のスピードを速め、成果を上げるための必須条件です。

私はこのスキルを「フォーカス力」と呼んでいます。

＼High speed／

一点集中のフォーカス力で仕事のスピードは倍増する！

コツコツ頑張ることが成果につながる時代は終わっている

フォーカス力を高めるために一番いいのは、当然ですが「経験」です。経験を積んでいけば、昭和的な働き方を続けていても、自《おの》ずと重要なものが何なのか見極められるようになっていくでしょう。

しかし、現代は令和です。経験を積んで、などと悠長《ゆうちょう》なことを言っていたら、時代から取り残されてしまいます。企業にも人を育てるような体力が残っているのは、一部の大企業くらいなものでしょう。

ホリエモンが言っているように、**寿司屋で10年も修業して寿司職人になるのはナンセンスとしか言いようがありません。**


では、どうすればいいのか？

まず、メンタルセットを変えましょう。

「真面目《まじめ》にコツコツやる」ことが、必ずしも成果に結びつくわけでないことを自覚しましょう。実際、これまで真面目にコツコツ頑張ってきたあなたは、満足のいく成果を上げられたでしょうか？　残念ながら、コツコツ頑張ることが成果につながる時代はとっくに終わってしまっているのです。


だったら、どう考えるべきか？

「ずる賢《がしこ》く」手を抜くべきところは「手を抜く」ことは美徳と考えましょう。ほかの多くの仕事を切り捨てて、ひとつの仕事にフォーカスすることは、はたから見たら「ずる賢く」「手を抜いている」と思われるかもしれません。しかし、それでいいのです。

3カ月集中して学べば、ベテランになるまでネタを握らせてもらえない寿司屋で10年分の経験を積むのと同じスキルを手に入れられる。そう考えましょう。

とにかく即座にアウトプットを始めるしかない

では、あなたにとっての寿司職人養成学校はどこにあるのでしょうか。

はい。そんなものはありません。**あなたがフォーカス力を高めるためには、とにかくすぐにアウトプットを始めるしかありません。**

仕事で成果を上げられない人は、とにかくアウトプットするのが遅すぎなんです。特に新しい仕事にチャレンジするとき、不安でなかなか動けない、という悩みをよく聞きます。

たしかに「不慣れな仕事」「難易度《なんいど》の高い仕事」「クリエイティブな仕事」を始めようとすると、自分にはそんなスキルがないのではないかと不安になり、不安を解消するためにインプットばかり繰り返して、なかなか行動を起こせないことがあります。しかし、**これこそ、仕事が遅い人が陥りがちな最大のミスです。**

なぜかというと、アウトプットしてみないことには本当に重要なことは何なのか、フォーカスすべきポイントが何なのかわからないからです。

かくいう私も、経営者という新たな一歩を踏み出す前は、失敗を恐れて、不安になってばかりいました。

「営業の経験がないのに大丈夫だろうか？」

「法人税のことを勉強しておいたほうがいいのか？」

「ある程度顧客の目処《めど》が立ってから開業したほうが安全では？」
「そもそもコンサルティングについては門外漢《もんがいかん》なのに、やりがいがありそうだからというだけの理由で始めても大丈夫か？　会社に就職して修業を積んだほうがいいのでは？」
といった具合です。

しかし、ふと自分のキャリアを振り返ってみたのです。**未経験だった私が放送作家になれたのは、すべて積極的にアウトプットを繰り返したおかげでした**。その成功体験を信じた私は決意しました。

やるのか、やらないのか。「やる」と腹を括《くく》った私は、準備もそこそこに、とにかく起業することに決めました。

起業してからも、失敗の連続です。でもそれは、インプットしてから始めても同じことです。

だったら、誰よりも早く失敗してしまったほうがいいわけです。失敗したりわからないことがあればインプットし、その都度《つど》改善していけばいいと判断したのです。

すると不思議なことに、起業前に悩んでいたことは、ほとんどが杞憂《きゆう》でした。そして、起業前にはわからなかった、フォーカスすべきポイントが見えてきたのです。

行動、つまりアウトプットしてみると、必ず何らかの課題にぶつかります。その課題こそ、いの一番にインプットしなければならないことにほかなりません。

このことは、どんな仕事にも共通していえることです。自分がフォーカスすべきことがわからない人は、まずはインプットを続ける前に、行動を始めてみてください。

＼High speed／

スタートラインは「働く目的」を明確にすること

私が初めて「高速仕事術」によって成果を上げた仕事

ここで、私自身が初めて高速仕事術をしたときのエピソードを紹介します。

そのとき私は19歳でした。私は幼い頃から「作家になりたい」という漠然《ばくぜん》とした夢を抱《いだ》き続けていました。

当時、憧れの作家の経歴をみると、秋元康《あきもとやすし》氏をはじめ「放送作家」をしている人が少なくなく、作家への足掛かりとして放送作家になることに決めました。

放送作家へとフォーカスしたのです。

何もわからないまま、私は大学に通いながら、テレビ番組の制作会社に出入りするようになりました。何の実績もコネもない私がいきなり放送作家になれるわけもなく、はじめのうちは当時一世を風靡《ふうび》していた「天才・たけしの元気が出るテレビ‼」のＡＤ（アシスタントディレクター）としてハードな毎日を送っていました。

テレビ業界に入って数カ月後、私は放送作家になるためのアウトプットを何も起こせていない自分に焦《あせ》りを感じていました。**行動を起こさなければならない、そのことだけはわかっていました**。

そこで、ある日の番組終了後の深夜。いつもなら疲れ切って、制作室で仮眠をとるのが常でしたが、私は誰に習うこともなく台本を書き始めました。ついにアウトプットを始めたのです。

しかし、書き方を教えてくれる人などどこにもおらず、どうやって書けばいいのかわからず、すぐに壁にぶつかってしまいました。

そのとき、私はテレビ局のゴミ箱に捨てられているたくさんの台本を片っ端《ぱし》から読み漁《あさ》りました。「なるほど、こう書けばいいのか！」と、乾《かわ》いたスポンジが水をどんどん吸うようにノウハウを次々と吸収（インプット）していきました。

徹夜明けの翌日、ついに完成した台本をディレクターに頼み込んで見てもらうと、「番組にできるような代物《しろもの》じゃない」と一蹴《いっしゅう》されました。しかし、アウトプットを続ける姿勢が評価されて、どこがどう悪いのか丁寧《ていねい》にレクチャーしてもらえました。

そのインプットを参考に、企画書や台本の作成に改善を重ねていきました。当時はまだ珍しかったIBMのパソコンを購入し、デザイン性の優れた企画書を作るなど、人がやっていない工夫も加えていきました。

そして、初めて台本を書いた日から3カ月後、ついに企画が通ったのです！
そのときの高揚感《こうようかん》は忘れることができません。

今思い出すと、**当時の私はお手本のように、「IOK高速サイクル」を回す働き方をしていました。放送作家になるというひとつの目標だけにフォーカスし、まずは行動を始めました。**

そして、台本を書き始めるというアウトプットを始め、課題や問題が起こるたびにインプットによって改善していき、ついに成果を上げて放送作家の仲間入りをすることができたのです。

その後、それまでのキャリアを活《い》かして経営者となった私は、高速仕事術があらゆる仕事にも汎用性《はんようせい》があることに気づき、まず、自分の会社の社員教育や実際のコンサルティング現場でも使えるよう改善を重ねていきました。

今では、経営でも、投資でも、ユーチューブでも、日々の作家の仕事でも、常に「ＩＯＫ高速サイクル」を回すことを心がけています。

行動の目的が定まればフォーカス力に磨きがかかる

ここまでで、高速仕事術の骨格部分はつかんでいただけたと思います。

私の例では、「放送作家になる」という明確な目的がありました。だから、それに向かってフォーカスすることから始まったのです。

何か新しいことを始めるとき、このように明確な目的があると、人はそれに向かってフォーカスしていくことができます。

カラーバスという心理効果をご存じでしょうか？

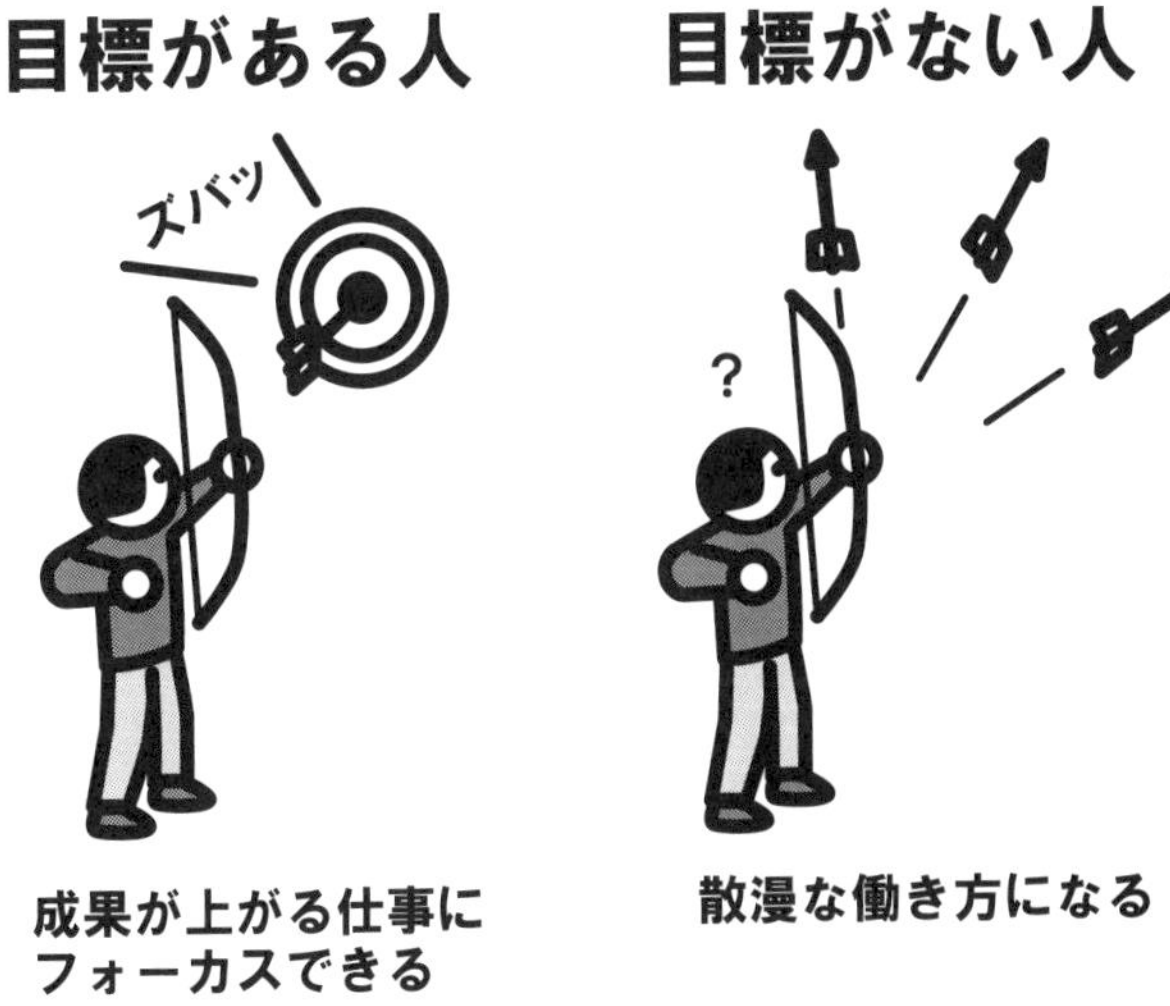

ふだんはまったく気にならないのに、たとえば朝のニュース番組でラッキーカラーが赤色だと言われたら、とたんにポストや落ち葉など赤いものが目についてくる心理効果のことです。街中の赤いものに無意識に目が行ってしまいます。

私は当時、手帳に「放送作家になる！」「ベストセラー作家になる」と書き記《しる》し、毎日のように目に入れていました。

その結果、カラーバス効果が発揮さ

れて、普通の人は気にも留《と》めないゴミ箱の中から、参考となる台本を見つけることができたのです。

このように**あらかじめ目的を設定しておくと、自然とそのための情報を見つけることができます**。

だから、**まず、何をするにも明確な目的を意識することが大切なのです**。

ただし、いきなり「目的は何？」と問われても、言葉にできないことがあるでしょう。

そんな方のために、第3章では、効果的な目的設定の方法を紹介していきます。

楽しみにしていてください。

\ High speed /

ドーパミンを分泌させて「IOK高速サイクル」を回せ！

集中力を上げるのは難しいことではない

ここまで解説してきた「フォーカス力」は、目的や課題に向かって集中する力のことを指してきました。

ハイパフォーマンスの仕事をする前提として、この力は欠かすことのできないスキルです。

ただ、読者の皆さんからはこんな声が聞こえてきそうですね。

「大事なことは何か？　すべきことは何か？　目的は何か？　そこにフォーカスはできている。だけど、成果が上げられないんです」

「集中しろと言われても、ほかにもたくさんやらなきゃいけない仕事があって、フォーカスなんてできないよ」

たしかに日常の仕事の中では、重要なことが何か判断がついているのに、それでもスピードが遅く、集中できず、成果を上げられない人は少なくありません。

なぜでしょうか？

それは、フォーカス力がまだまだ弱すぎるからです。

仕事のスピードを高速にするには、フォーカス力をより強固なものにしていかなければなりません。太陽光を虫眼鏡《むしめがね》を介《かい》して一点に集めると、目には見えない赤外線が集中して火をつけることができます。それと一緒です。

フォーカスした一点に、全エネルギーを集中させなければなりません。

では、どうすれば集中できるのか？

ここで初めて「ノウハウ」が必要になるのです。

古今東西、集中力を高めるための脳科学に基《もと》づいた研究がさかんに行われています。

その結果、**「どうすれば集中力が上がるのか」の答えはほぼ出尽くしています。**

高速仕事術のノウハウは、脳科学の学会などで発表された最新の研究成果に基づき、私が実際に経営や教育などの現場で実学として試して、効果を実感できたものを厳選しています。

つまり、あなたはわざわざどれが効果があるか、と迷う必要がありません。

書店には「集中力を上げるための本」がたくさんあります。

驚いたのは、集中力を上げるためのノウハウが1冊の本に100個も掲載されていたことです。
そんなに集中力を上げるためにしなければならないことがあるのか、と。
いつどれをすべきか迷ってしまう時点で、もう集中できませんよね。

著者としては、その中から読者が自分に合うものを選んで、ということかもしれませんが、私はそんな非効率で非科学的なことをしません。

この本に書かれていることを、ただ行っていただければ、あなたの集中力は必ず上がります。

ポイントは、いかに脳の神経伝達物質「ドーパミン」を大量に分泌《ぶんぴつ》させるかです。ドーパミンは楽しいことをしたり、ワクワクしたり、時間が制限されてテンションが上がっていたり、成功体験をしたときなどにたくさん分泌されます。
思考力を司《つかさど》る脳の前頭前野《ぜんとうぜんや》にドーパミンが作用すると集中力や、やる気が高まることがわかっており、これが継続するといわゆる「フロー状態」になることができます。究極の集中状態です。

また、ドーパミンは海馬《かいば》や扁桃体《へんとうたい》など脳のさまざまな部位に作用するため、記憶力を高めるのにも役立つといわれています。

高速仕事術のノウハウは、いずれもこのドーパミンがドバドバ分泌される手法です。フォーカス力を高めるために、ぜひ実践しましょう。

失敗体験こそドーパミン分泌のカギだった!?

アウトプットの大切さを繰り返し述べてきましたが、ドーパミンの分泌という意味でも、アウトプットを継続していくことは非常に大切です。

「ＩＯＫ高速サイクル」によって、アウトプットを繰り返していくと、必ずどこかで壁にぶつかります。

そのことを「失敗した」とネガティブに捉えることは一番よくありません。特に初めての仕事や難易度の高い仕事に取り組むときは、失敗を恐れるあまり、行動を起こせない人が多いと思います。

でも、**失敗こそ、あなたが脳内の成功物質であるドーパミンを味方につけて、スキルアップしていくための鍵なのです。**

「失敗は成功のもと」とはよくいいますが、これは脳科学的な観点からも正しいといえます。その理由を解説しましょう。

脳科学の世界では、成功体験の積み重ねると、ドーパミンの分泌が増え、ますますやる気になり、集中力もアップすることがよく知られています。これは冒頭でも話した通りです。

しかし意外と知られていないのは、実は**「失敗の貯金」が多ければ多いほど、成**

功したときのドーパミン放出量が多くなる点です。

ある脳科学の実験で、平穏無事な生活を続けていると、脳内のドーパミン量が減ってくることがわかっています。

ドーパミンは不思議な性質をしていて、目的を達成するために苦労すればするほど、達成したときに分泌されるドーパミン量が増えるのです。

振り子をイメージしてみてください。失敗の回数が多ければ多いほど、そのぶん振り子の振れ幅が大きくなって、達成時のドーパミン量が増えていくイメージです。

このことは、自分の体験からも実感しています。

起業したときは、それこそ失敗の連続でした。コネも金も人脈も経験もない状態でスタートしましたから、とにかく営業電話をかけまくっては無下《むげ》にされる毎日。

仕事は一向《いっこう》に決まらず、初めの頃は失敗を積み重ねるのが日常と化していました。

そのため、最初のお客様が発注してくれたときは、もう飛び上がるほどの喜びでした。

後《あと》にも先にも、このとき以上にドーパミンが分泌された経験はありません。

「失敗の貯金」がたまりまくっていたからです。

つまり、「ＩＯＫ高速サイクル」をとりあえず回してみて、アウトプットの回数を増やし、そのたびに適度な壁に当たって、ＩＯＫサイクルを回しながら、「失敗の貯金」をためておけば、むしろ目的へのフォーカスが高まり、目的にたどり着きたいとの欲求が高まり、結果ドーパミンの分泌が増えるわけです。

するとまた、集中力が飛躍的に伸び、さらなるアウトプットをしたいと脳が欲します。経営者の中には信じられないくらい行動力に長《た》けている人がいますが、彼らは皆、ドーパミンドバドバ状態がデフォルトになっているんですね。

あまり表には出てこないですが、そんな**フロー状態になるためには、数え切れないほどの失敗体験を重ねなければなりません。**

高速仕事術を始める際は、「失敗を失敗と思わない」ようにしましょう。

むしろ、失敗なんて言葉をあなたの辞書から排除してしまってください。

失敗は成功物質のドーパミンの元（発生源）と自分の脳を書き換えることができれば、しめたものです。

壁にぶつかったら、「ドーパミンゲット！」くらいに気楽な気持ちで臨むのがいいでしょう。

\ High speed /

脳を喜ばせる働き方で、ゲームのように熱中しよう！

目的が明確ならば誰でも「成功体験」を重ねられる

さらにお伝えしたいのは、**「成功体験」とは、世間一般の評価とは関係ない**ということです。

仕事や勉強で成果を上げられない人は、そもそも目的や目標を持っていないことがほとんどです。つまり、「成功とは何か」が明確に定まっていないのです。

誰かに命令されたり押しつけられた目標を達成したところで、脳はそれを「成功体験」として処理しません。だから、ドーパミンは分泌されないし、いつまで経っても集中力は上がらないのです。

逆にいうと、**自分で目的や目標が明確になっており、それをみずからの力で達成すると、些細《ささい》なことでも脳は成功体験として処理します。**

私は今、「高速仕事術をたくさんの人に伝える」という目的を持ち、「そのためにわかりやすい原稿を書く」という目標にフォーカスし、キーボードを打ち続けています。

そして、1項目書き終わるたびに小さなゴールに到達し、脳は小さな成功体験に喜び、ドーパミンがドバドバ分泌され、さらにやる気が漲《みなぎ》ってくるのです。

これが上司からいやいや押し付けられたレポートの作成ならどうでしょうか。むしろストレスしか感じないでしょう。集中力も高まらないし、成長意欲も湧《わ》きません。

もちろん、原稿を進めることなど世間的には成功でも何でもありません。しかし、目的が明確に定まっている私の脳にとっては、これ以上ない「成功体験」なのです。

この、ちょっとした差が重要です。**「成功体験」と聞くと、ついつい世間的な成功基準をイメージしてしまいがちですが、あなた自身の成功パターンを生み出せればいいのです。**そのためには、あなたが、仕事をする上での目的・目標を明確にして、フォーカスすべき標準を定めておかなければなりません。

それさえ定まれば、自動的に小さなゴールが設定されて、成功のハードルはどんどん低くなります。低いハードルのわりには、脳はどんどん喜び、これまで以上にやる気に満ち溢れてきます。

高速仕事術を始めたら、一日一日、成功体験を積み上げていきましょう。

何でもいいんです。「新商品を一人でも多くに広めたい」という目的があり、「営業をかけ新規顧客の数を増やす」という目標があるならば、１件の電話をかけるだけでそれは、あなたの脳にとっては「成功体験」です。

上司や会社のために働くのではなく、自分の脳を喜ばせるために働けば、自ずと仕事のスピードもアップしていきます。

仕事はゲーム、人生もゲーム

脳内にドーパミンを分泌させるために、もうひとつアドバイスがあります。

それは、高速仕事術を、ぜひ楽しみながら取り組んでほしいということです。

好きなテレビゲームをするような感覚で実践するのがベストです。

「仕事をゲームだと思うなんて、とてもじゃないけどできないよ」と思われるかもしれませんね。
でも私は、仕事はゲームだと思っています。
それどころか、人生そのものがゲームだと思っています。

私たちはそもそも「生きる目的」があって、この世に生まれ落ちたわけではありません。気づいたときには、いつの間にか人生という名のゲームに参加させられていたのではないでしょうか。
だから、自分はダメだとか、失敗ばかりしているだとか、深刻に悩む必要なんてないと思います。なぜなら、仕事も人生もゲームだからです。楽しんでなんぼです。

仕事でミスをするということは、スーパーマリオブラザーズをやっていてクリボーにぶつかっちゃったくらいのことです。ゲームはコンティニューできるから、何度でもやり直すことができます。仕事だって同じです。人生もそうです。

そう考えてみると、気がラクになってきませんか？

脳科学と心理学をミックスさせた考え方に「ゲーミフィケーション」という概念《がいねん》があります。これは、ゲームの持つ「楽しさ」や「人を夢中にさせる仕組み」を仕事に取り入れようという考え方です。

ゲームをしていると時間を忘れて夢中になってしまうことがありますよね。それは脳が快楽を感じてドーパミンが分泌されているからです。

子どもでも大人でも、ゲームに夢中になっているときは、高い集中力を発揮している。何度も繰り返される失敗を、むしろ大人こそ大声で笑って楽しんでいる。誰もがそんな体験をしたことがあるでしょう。

高速仕事術をする際、この「ゲーミフィケーション」を意識してみると、だんだん仕事をしているのが楽しくなってきます。

あなたはロールプレイングゲームの主人公です。

あなたの仕事の成功は、ラスボスを倒してゲームをクリアすることです。

ゲームが始まったら、まずどうしますか？

当然、アウトプット（行動）を始めます。はじめの村で行ったり来たりして村人に話しかけているだけでは、永久にラスボスまでたどり着けません。まずは、冒険に出ましょう。

冒険に出発したら、さまざまな敵と遭遇《そうぐう》します。強敵に負けることもあるでしょう。でも、死んでしまったら、セーブしてあるポイントから再スタートするまでです。ゲーム上での失敗は、何度もあるものだからです。

心配性のあなたは、冒険の最中、レベルという称号ばかりを集めていませんか。

でも、レベルを上げるというインプットばかりしていたら、いつまで経《た》ってもラスボスにはたどり着けません。ゲームをクリアするには、レベルの違いを自覚しながらも、思い切って強い敵に立ち向かっていく（アウトプット）する勇気がなければならないのです。

強敵に負けたとき、その都度アイテムを収集（インプット）していけば、あなたはどんどんレベルアップしていきます。その強敵の特性をすでに知っているので、効果的なインプットをすることができるでしょう。

このように**仕事をゲームとして捉えれば、あなたのフットワークはどんどん軽くなります**。また、強敵に対峙《たいじ》するたび、「ワクワクする！」「興奮して手が震《ふる》える」とドーパミンがドバドバ分泌して、驚異的な集中力を発揮することができるのです。

仕事が停滞したときは、この感覚を大切にしています。

＼High speed／

高速仕事術なら最短時間で理想の人生が手に入る！

3日、3カ月、3年の継続で人生が変わる！

プロローグでも記しましたが、あなたがどのくらいの期間でどんな成果を上げられるか、この章の最後にお伝えしたいと思います。

ここに挙げる期間は、私が「放送作家」「経営者」「投資家」「ユーチューバー」などになる際、実際にかかった期間を平均したものです。

当然、身につけたいスキルやキャリア、仕事内容によって差が出ますが、目安として参考にしていただければと思います。

●「3日」であなたの働き方は激変する、見違える

3日というのは、「誰でも遅くとも3日」という意味です。本書を読み終われば、誰でもその日から高速仕事術を始めることができます。

すでにこの章を読んだあなたは、アウトプットの大切さを理解したはずです。今この瞬間から働き方を変えることができるでしょう。

私の場合、「やる！」と決めてから、3日で起業しました。

3日で投資家になりました。

3日でユーチューバーとなりました。

そして、3日で作家になりました。

もちろん、その前途には失敗や苦労も山積《さんせき》していました。それでも、**最初の一歩を踏み出すことを決断して、「いますぐやる」ことが重要なのです。**

もしあなたが新たなキャリアを築きたいと思うなら、本書を読んだ後すぐにアウトプットを開始しましょう。

●「3カ月」で一生ものの「キャリア」を築ける

3カ月という期間は、短期集中型の仕事が一巡する長さです。

長期的な仕事に従事している人でも、3カ月も経てば、ほとんどの業務を経験することになります。

そのため、さまざまな成功体験や失敗体験をすることができます。そういった体験をしながら、**「IOK高速サイクル」を回していけば、普通の人が3年、長い人で5年もかけて身につけるようなことでも3カ月で可能です。**

実際、私は、経営を3カ月で安定させました。投資でも大きな失敗を一巡して、3カ月で大きな利益を生み出しました。ユーチューバーとしても3カ月でチャンネル登録者数を4万人に増やしました。石の上にも3カ月です。3カ月頑張れば、あなたは一生通用するキャリアを築くことができます。

この3カ月という期間は脳科学的にも、シナプスの可塑性によって構造的変化を起こす期間といえます。**キャリア形成を狙う人は、3カ月、一点集中のフォーカスをすることをオススメします。**

「3年」でその道の「プロ」になれる

私は「プロ」の定義を、「どんな逆境が訪れても乗り越えられる底力のある人」

と考えます。
たとえば、景気がよく株価が上昇しているときに、投資で稼げるのは当たり前です。プロとして生きていくには、リーマンショックなどの逆境の際にも、着実な成果を上げることが求められます。
「3年」という期間は、自分ではどうにもならない景気動向の変化や、時代の変化など「下り坂」や「魔坂《まさか》」を体験するスパンとなります。

高速仕事術を3年続けると、経験はすでにベテランのレベルに達しているため、あらゆるトラブルに対応できるスキルが身についています。これこそがプロです。私は実際、投資において3年後には億を稼《かせ》ぐまでスキルアップすることができました。

経営についても、3年後には社員数を増やし、オフィスの大きさを倍増させ、大手企業からの依頼も獲得できるようになりました。信用や経験が増えたことで、取引単価も5倍以上になりました。

3カ月続けられることは、3年続けることも必ずできます。あなたもぜひこの領域を目指してください。

私は、高速仕事術を一生続けるつもりです。

なぜなら、高速仕事術をしていると、幸福感への寄与も研究されているドーパミンが分泌されるためか、日常的に幸福感を覚える機会がとても増えたからです。

もし、仕事を通じて人生を楽しみ、幸せに包まれることが「生きる目的」なのだとすれば、高速仕事術以上の方法を私は知りません。手前味噌《てまえみそ》ですが、本当にそのように思っています。

この本を書こうと思ったのは、今の若い人も中高年も、ひどくつまらなそうに、ときには義務として働いている人がとても多いと思ったからです。

そんな働き方では、人生をムダにしてしまいます。

企業が解体されていき、個人の力がより重視されている今、これから新しいスキル、新しいキャリアを築こうとしている人はチャンスです。それだけで、あなたは社会の「逆張《ぎゃくば》りの存在」として目立ちます。

過去の経験は関係ありません。これまでずっと劣等感を抱いて生きていた人でも、何歳からでも間に合います。

あなたが本気で取り込もうと決意し、「すぐやる」とアウトプットを開始するならば。

さあ、始めましょう！

\ High speed /

第2章

3日で劇的に成長する！「高速仕事術」のやり方

＼High speed／

合言葉は「5秒ルール」、悩んでいる暇があるなら走り出せ！

とにかく動き出せ！ 5秒でスタートダッシュしよう

それではさっそく、高速仕事術のノウハウを紹介していきましょう。

まず、皆さんにお伝えするノウハウは**「5秒ルール」**です。

何かを始めようとするとき、「やらなきゃいけない！」と思いながらも、なかなか行動に移せないことがありますよね。

今日中に資料をまとめないといけないのにやる気にならない。たまったメールの

「５秒ルール」ですぐ動き出せ！

返信をしなければいけないのに気乗りしない。などです。

さらに、人は何か新しいことや、いつもより少しでも難易度《なんいど》の高いことにチャレンジするとき、不安から行動を起こせなくなってしまう傾向にあります。

そんなときに役立つのが「５秒ルール」です。「５秒ルール」とは、長年パニック障害に悩まされ、抗不安薬を20年間も飲み続けていたというメル・ロビンズ氏が考案した手法です。

「5秒ルール」を実践することで彼女の

人生は大きく変化したといいます。著書は全米で１００万部のベストセラーになり、ニューヨークに拠点を構えるＴＥＤでの講演が話題を呼ぶなど目覚ましい活躍を見せています。

その方法は極めてシンプル。**何かを行動しようと思ったときに、すぐさま「5、4、3、2、1」と、（できれば）口に出してカウントダウンして、ゼロになるまでに必ず行動に起こす**、というだけ。

すると、どんどんやる気が漲《みなぎ》ってくるといいます。

実は、このことは脳科学の世界でも明らかになっています。人間は「行動するから、脳がやる気になる」からです。数字を読み上げるのは、そのとっかかりとなります。

「みずからの口でカウントダウンする」というのも立派な行動です。これがトリガーとなり、やる気の脳内物質であるドーパミンが脳の行動中枢《ちゅうすう》を刺激して、行動喚起《かんき》のモチベーションに転換されるわけです。

実際、この方法に慣れてくれば、カウントダウンをするだけで脳内信号としてやる気に変化を起こすことが科学的に可能となります。

大切なことなので、もう一度言います。**行動につながるトリガーを上手に使うことで、脳はコントロールできます。**

つまり、今日はやる気が起きないなというときでも、「５秒ルール」で強制的に行動を起こしてしまえば、あなたの意思とは関係なくやる気が溢《あふ》れてくるというわけです。実際、行動によって、脳の側坐核《そくざかく》という部位が刺激され、ドーパミンが分泌《ぶんぴつ》されることもわかっています。

このことを意識しておけば、普段の仕事でも使えます。目を閉じて、数字を思い浮かべてカウントダウンを口にする。この行動によりグダグダ悩む時間がなくなり、仕事のスタートダッシュとスピードが格段にアップします。

選択肢は3つで十分！ 事前準備をしすぎるな！

行動を始めてひとつの物事に集中してフォーカスしていくには、ワーキングメモリ（作業記憶）の消費を最小限に抑えなければなりません。

ワーキングメモリとは、脳の前頭前野《ぜんとうぜんや》が担《にな》っている思考力や集中力などを担う機能です。ワーキングメモリは、ゲームでいうところの体力や魔力のようなもので、私たちにはそれぞれ一定の量しか与えられていません。

そのため、あれやこれやとたくさんのタスクを進めていると、ワーキングメモリはどんどん消費され、ひとつの物事にフォーカスする力を失ってしまいます。これを回避するには、**とにかく行動を迷わせる選択肢を減らしていくだけ**です。

先に、選択肢が多いと人は行動に移せないという実験結果の例を挙げました。これは、私にも経験があります。最初にホームページなどで食べたいコースをチェックしていても、レストランでたくさんのメニューを見ると、つい行動に迷いが生まれてしまいます。

人間は選択肢が多いほど、行動を起こせません。どれがいいか判断を迫られ、それだけでワーキングメモリが浪費されていくからです。

高速仕事術を進めていく上でも、このことは非常に大切です。

事前準備が好きな人は、行動を始めるにあたってインプットを繰り返し、きっとさまざまな計画を練るのでしょう。プランA、B、C、D、E、F……と、可能性のある事柄を洗いざらいにしておき、そこから最適なプランを選べばいいと考えます。

脳のワーキングメモリのイメージ

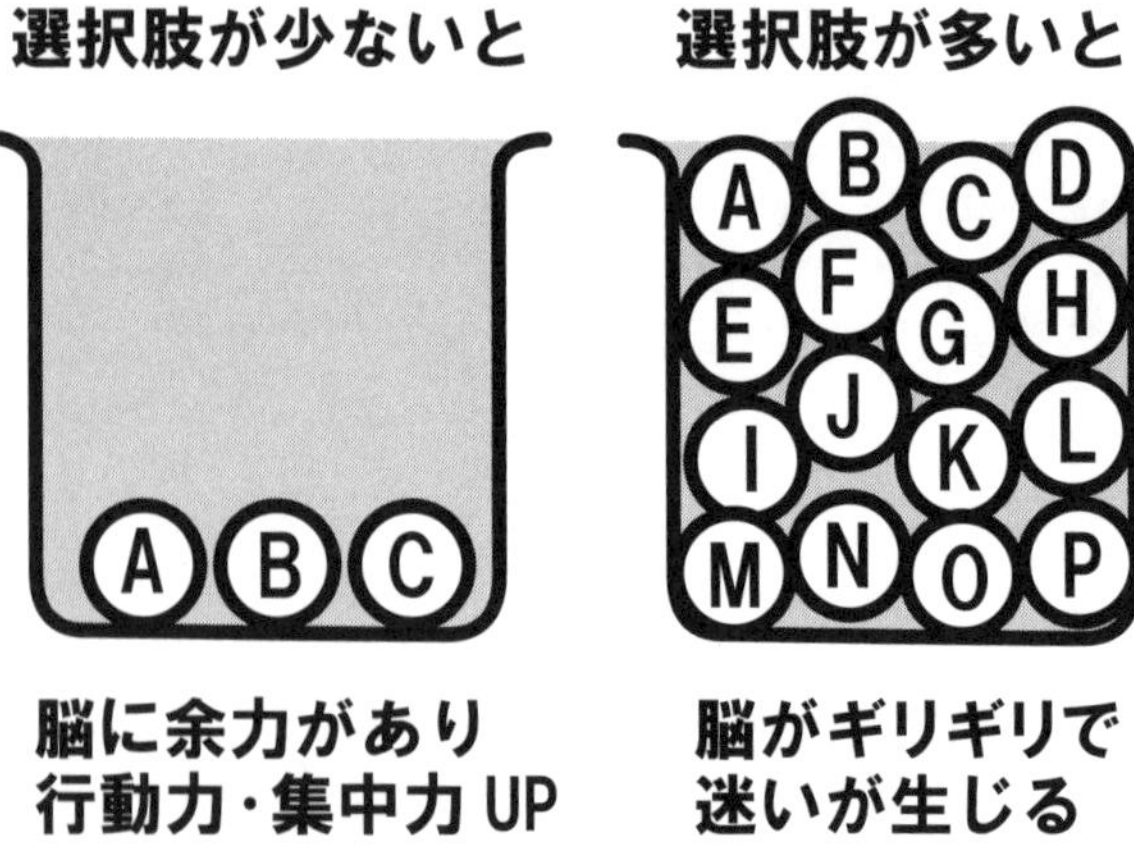

しかし、脳科学的にはこれは最悪です。

大切なので何度も申し上げますが、選択肢が増えれば増えるほど、あなたのワーキングメモリは浪費され、身動きが取れず、かえって迷いに支配された散漫《さんまん》な働き方になってしまいます。

行動を始めるにあたって計画を練る必要があるならば、最大でもプランA、B、Cの3つもあれば十分です。

直感で考えたA、論理的に考えたB、まったく別の切り口で考えた逆張《ぎゃくば》りの

C。この3つを持っておけば、必ずそのどれかが正解です。もし間違えたら、すぐに改善して試すまでです。

高速仕事術でアウトプットを繰り返して、高速で経験値を伸ばしていけば直感が磨かれていきます。直感とは、それまでの成功体験や失敗体験が積み重なることで培《つちか》われていきます。脳のデータベースに正解ルートに至るまでの経験値が多ければ多いほど、正しい直感が働くのです。

たとえば、プロがチェスをする場合、5秒で考えた手も、30分かけた手も、86％は同じであるというデータがあります。つまり、いくら熟考しても結果はほとんど変わらないのです。このことは「ファーストチェス理論」と呼ばれています。

アウトプットをせず、失敗や成功体験を重ねていない人は、この直感力が育《はぐく》まれません。逆に正解だけにとらわれずにアウトプットしていけば、いつの間にかあなたのデータベースは蓄積され、直感力は伸びていきます。

第1章でも伝えたように、失敗も貴重な成功体験だからです。行動しながら、最短距離で最適解を見つけられるようになります。

自分にはまだそんな経験値はないと思う人も、何かを始めるときのプランは3つ程度に留めておきましょう。

計画を練ることより、アウトプットすることのほうがはるかに価値があり、失敗というデータベースも手に入り、改善のトライ&エラーも積めるので、あなたをはるかに成長させてくれます。

＼High speed／

集中力を最大化させるための時間の使い方を知る

高速タイムアタック時間術を使え

さあ、どんどんいきましょう。

仕事中のドーパミンをマグマのようにドバドバにするために、ぜひストップウォッチを活用してください。

たとえば、「この企画書は1時間で完成させる！」と決めたら、ストップウォッチやスマホのアプリ機能を使って、カウントダウンタイマーを1時間に設定します。カウントダウンのスタートと同時に、一気に企画書作成にフォーカスしましょう。

ゲームにも制限時間が設けられたものがありますよね。時間内にクリアしないと、ゲームオーバーになってしまいます。そうした制限時間が設けられたステージでは、脇目《わきめ》もふらず、一心不乱《いっしんふらん》に集中できるかと思います。そのイメージです。

人間は制限時間を設けると、高い集中力を発揮できるようになる。

このことは、すでにイギリスの歴史学者のシリル・ノースコート・パーキンソンが1958年に「パーキンソンの法則」として伝え、世界中に広まりました。パーキンソンの法則とは、「人は与えられた時間をすべて使おうとする」という法則です。

締め切りがなく時間が十分にある状態だと、人は目の前の仕事に対してさまざまな選択肢を考えてしまいます。丁寧《ていねい》に仕事しようという意識が強い人ほど、その傾

制限時間が短いほど人は集中できる

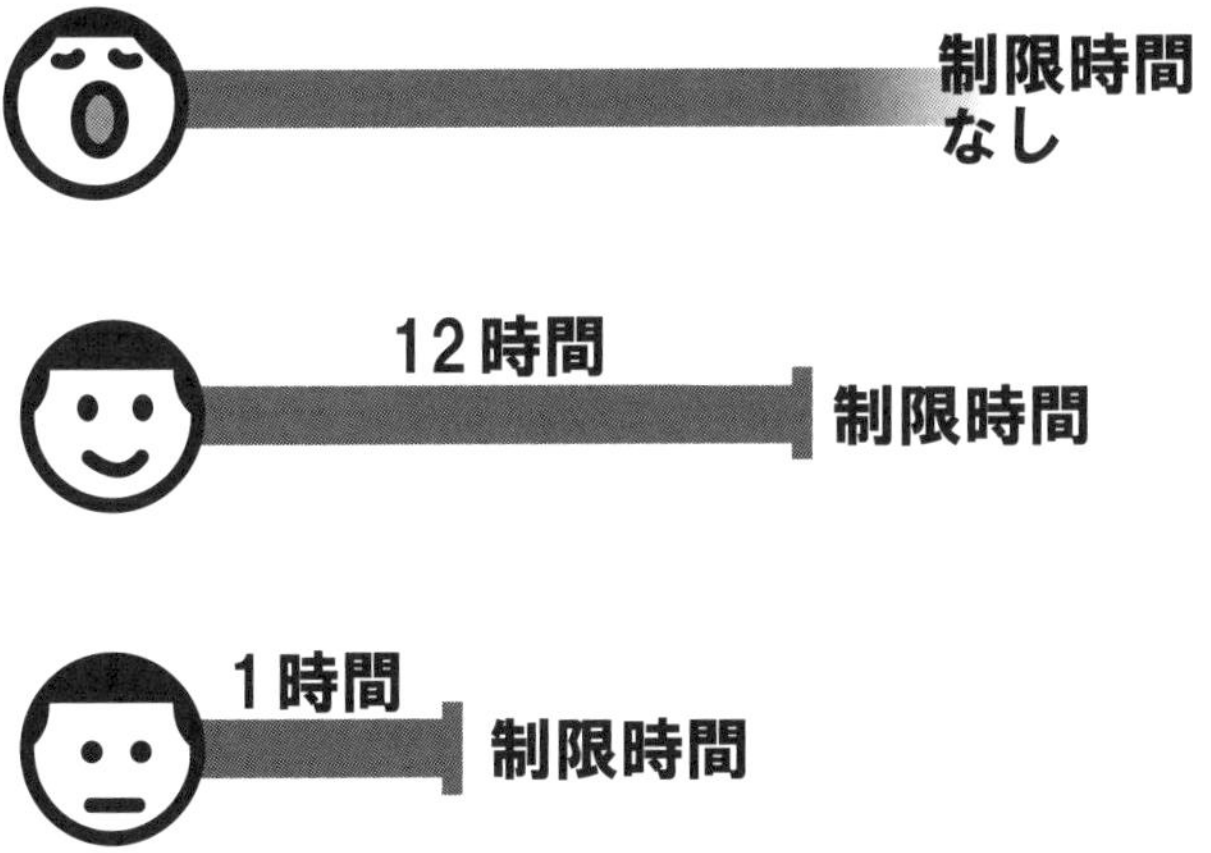

向が強いでしょう。選択肢の増加は迷いを生み、集中力を削《そ》ぐ大きな原因にもなります。

一方、**時間を区切って締め切りを設けると、発想が大きく転換します**。時間内にやれることを脳が集中して処理するため、ムダな選択肢を排除し、一点にフォーカスした働き方ができるのです。

しかし、もし制限時間が終わり、ゲームオーバーになってしまったらどうすればいいのでしょうか。

はじめのうちは、その時点でその仕事は終わりにしてください。そのまま続けると、ストップウォッチは無視していいという認識になってしまい、このメソッドの効力が失われてしまいます。

一度離席したり、背伸びや散歩などの軽い運動をしてリフレッシュしてから、再度適切な時間を設定し、再チャレンジしてみてください。

何度か繰り返していると、タスクによる適切な時間設定が身についていくでしょう。**集中して働くことに慣れれば、しだいに時間コントロールもできるようになるはずです。**自分の成長の度合いを数字でチェックするためにも、ぜひ習慣化しましょう。

高速タイムアタック時間術

制限時間を設けると、脳が活性化する！

①仕事の制限時間を決める
②ストップウォッチ（スマホの時計アプリで可）を用意し、制限時間に設定したカウントダウンタイマーをスタート
③制限時間内に必ず仕事を終えるようにする

高速ポイント!

脳科学の「パーキンソンの法則」を活用！

・制限時間を設けると、自ずと集中力が上がり、タスク処理のスピードが倍増する。
・ドーパミンが分泌されて脳が活性化し、「やる気」が急上昇する。

90分×3セット仕事術を使え！

仕事を高速化する有名なメソッドに「ポモドーロ・テクニック」という方法もあります。これは「25分集中して働き、5分休憩する」のを繰り返す手法です。考案者である作家のフランチェスコ・シリロがトマト型のキッチンタイマーを使って時間を計っていたことにちなみ、「ポモドーロ（イタリア語で「トマト」の意）」と名付けられたそうです。

それはさておき、ポモドーロ・テクニックを知った私は、会社で実践したことがあります。「25分集中するぞ！」と意気込んで始めましたが、まあ、集中できない（笑）。

電話はかかってくるし、部下には声をかけられるしで、集中力が途切れてしまいます。一度途切れた集中力を取り戻した頃には、25分の制限時間が終わってしまい、結果、全然仕事が進まないという悲劇が訪れてしまいました。

うまくこなしている人もいるのかもしれませんが、**ポモドーロ・テクニックは日本でオフィスワークしている人にはなかなか実践が難しいのでは、というのが私の感想です**。逆に一人になれる場所で、徹底的にタスクに集中したいときには力を発揮するでしょう。


では、オフィスではどのように働くと高い集中力を得られるのか？

結論からいうと、**「1日、90分の集中時間を3回つくる」**ことです。

これには脳科学的にも根拠があります。

昨今の研究で、人間の体には「ウルトラディアンリズム」という約90分の脳波の周期があることがわかってきました。

脳波を調べた研究では、人間は覚醒度《かくせいど》の高い90分と眠気が強い20分が交互に訪れていることが判明したのです。

私はこの「ウルトラディアンリズム」に注目し、1日のスケジュールに、90分集中する時間を、20分の休憩を挟《はさ》んで3回作って働くようにしました。

これが大変有効なのです。

90分の集中時間の間、私は出退勤のホワイトボードに「不在」と記し、電話が鳴っても来客があっても、取り次がないよう部下にお願いしました。そうすれば、集中力を途切れさせず、ひとつの仕事にフォーカスすることができます。

また、90分という時間があれば、かなりディープにひとつの仕事を掘り下げられ、失敗体験も成功体験も得られるのは嬉《うれ》しいところです。せっかく集中するなら、その時間内に何かしらの達成をしなければ、継続するのが億劫《おっくう》になってしまいます。25分だけだと、時間が短すぎて難しいのです。

さらに、90分という区切りは「ウルトラディアンリズム」が示す通り、人間が集中できる限界の時間だといわれています。**限界値まで集中できたという成功体験**

90分×3セット仕事術

脳の覚醒リズムに沿った集中力アップ法

①1日に、集中タイムを90分×3回作る
②20分の休憩を挟む

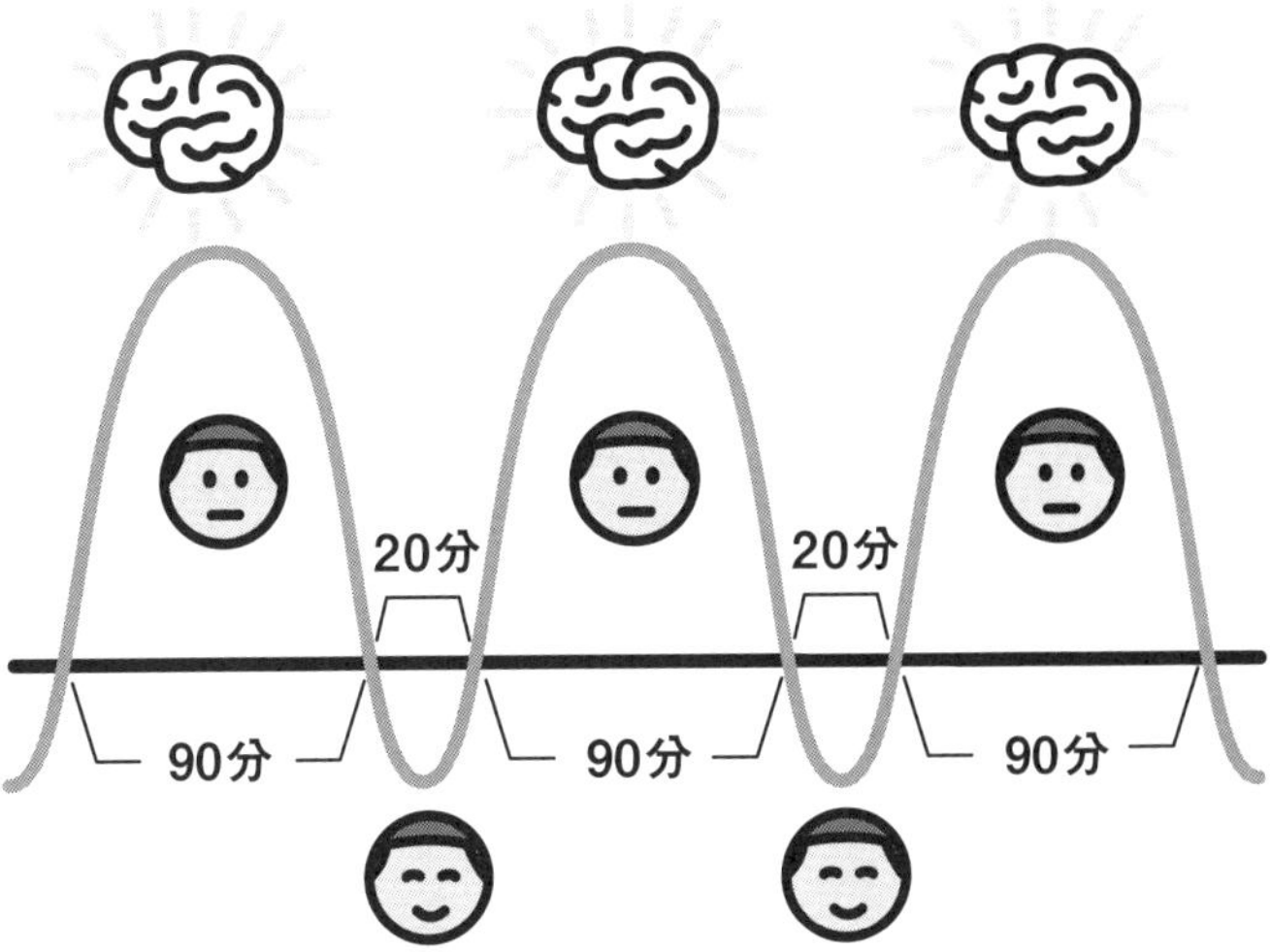

高速ポイント！

脳科学の「ウルトラディアンリズム」を活用！

・脳には覚醒度の高い90分と低い20分が交互に訪れているため、人間が集中できる限界時間は90分。覚醒度の高い90分をフル活用すれば、効率よく脳のパワーを引き出し、短時間で仕事を終わらせることができる。

が、また私の脳にドーパミンを分泌してくれるわけです。

集中時間を終えた後の20分は、外を散歩したり、ストレッチするなどして、脳を回復させていきます。そして、また次の90分に挑《いど》んでいきます。

このリズムを習慣化すれば、1日に4時間半もの集中時間を確保できます。脳を使わずに処理できるメールの返信や書類の捺印《なついん》などの事務作業、ルーティン化した会議などはそれ以外の時間で処理することが大切です。

高速仕事術を実践する際は、ぜひ「90分×3セット仕事術」を取り入れてみてください。

職種によっては電話や来客、部下や上司からの声がけなど、さまざまなノイズがあるかもしれません。

しかし、90分あれば一度途切れた集中を取り戻すことができるでしょう。前述した「高速タイムアタック時間術」とあわせて行えば、効果はさらに倍増します。

「壺の中には大きな石から入れる」がタイムマネジメントの鉄則

「90分×３セット仕事術」は、タイムマネジメントの観点からも非常に有効な働き方です。

こんな話があります。

ある大学教授が大きな壺《つぼ》を取り出し、壺が満杯になるまで大きな石を詰めたといいます。学生に「この壺は満杯か？」と尋ね、学生が「はい」と答えると、今度は砂利《じゃり》を出して、壺の中に流し込みました。砂利の次は砂、砂の次は水という具合に、次々と粒子の小さい物質を満杯だと思った壺の中に入れていったそうです。

このエピソードが何を意味しているかというと、「先に水を入れてしまったら、壺の中に石を入れることはできない」ということです。

このことを仕事に置き換えると、壺は「ワーキングメモリ」や「時間」であり、大きな石は「フォーカスする仕事」、砂利、砂、水は「メール返信や事務作業」にあたります。

つまり、**日常の雑事を優先的に処理していると、本当にすべき仕事に集中するためのワーキングメモリや時間がなくなってしまう**わけです。

「90分×3セット仕事術」によって、大きな石（フォーカスする仕事）に集中する時間を1日のスケジュールに入れる。

そのスキマ時間に、砂利や砂、水で壺を満たしていく。この順番が成果を上げるための鉄則なのです。

何を優先すべきか迷ったときは、「壺の中には大きな石から入れる」ことを忘れないようにしてください。

仕事は大きな石から始めよう

大きな石　／　砂利・砂・水

（フォーカスする仕事）　（優先度の低い仕事）

High speed

あなたの仕事が遅いのはマルチタスクのせい

シングルタスクがパフォーマンスをアップさせる

最近は、若者を中心に「マルチタスク」がもてはやされています。これからの時代は、複数の仕事を同時にこなす能力を求められている、と。たしかにそんな働き方ができたら格好いいですよね。

でも、ちょっと待ってください。**あなたの仕事のスピードが遅くて、思うような成果を上げられないのは、実は「マルチタスク」のせいではないでしょうか。**

そもそも、脳は一度にひとつのことにしか集中できません。

スタンフォード大学の神経科学者エヤル・オフィル博士は、「人間はマルチタスクなどしていない」「タスクからタスクへすばやく切り替えるタスクスイッチングをしているだけだ」と述べています。

タスクスイッチングをしていると、はたから見ればマルチタスクしているように見えます。しかし現実には、脳は一度に2つ以上のことに集中できないため、仕事の効率やスピードは落ちてしまうのです。

実際、ハーバード大学の研究では「最も能率の高い社員たちは注意を向けるタスクを変える回数が少ない」と発表されています。

私の体験や研究でもその通りで、**徹底的に「シングルタスク」で働いたほうが、はるかに仕事のパフォーマンスをアップさせることができるのです。**

そのため、ここまでお伝えしてきたノウハウを実践する場合は、必ずその時間内はひとつのタスクにフォーカスするようにしましょう。

本書の最初でご紹介したフォーカス力の大切さは、スタンフォード大学やハーバード大学でも証明されているわけです。

人に仕事を任せていると、自分のスキルは上がらない

ただこう書くと、いや自分の憧れのビジネスパーソンはマルチタスクをしているじゃないか、とお思いになるかもしれません。ここに落とし穴があります。

いわゆる一部のビジネスエリートと呼ばれる人たちは、マルチタスクをしているようで、実際は多くのブレーンやサポーターたちに囲まれ、仕事を任《まか》せているのです。

私は作家兼脚本家としてテレビ業界に長いことといました。その当時の日本を代表するキャスターといえば、久米宏《くめひろし》さんです。その久米宏さんの120分のニュース

番組を支えているブレーンの数は、ざっと見積もっても50人を下らないでしょう。最近では池上彰《いけがみあきら》氏も同じようなものでしょう。

このようなまわりの支えがあってこそ、久米宏氏も池上彰氏もニュースをお茶の間にわかりやすく伝える、という目的にフォーカスできます。彼らとて、マルチタスクで膨大《ぼうだい》な量の仕事をこなしているわけではないのです。

マルチタスクをしているように見える人も、実はたくさんの人に仕事を任せています。そして、当事者自身は、自分がすべきシングルタスクに集中しています。

ならば、人に仕事を任せればいいのかと思うかもしれませんが、ここで勘違《かんちが》いをしないほうがいいことがあります。

それは、**人に仕事を任せてばかりいると、自分のスキルが一向《いっこう》に上がらない**という点です。

堀江貴文《ほりえたかふみ》氏などの有名なビジネスエリートは、若い頃には自分ですべての仕事をこなし、スキルアップして成果を上げたからこそ、今の地位を築けたということを忘れないようにしましょう。

何のスキルも成果も上げていない人が、仕事を人に任せてばかりいたら、成長の機会を失ってしまいます。

少し話が脱線してしまいました。つまりは、「成長過程にある人ほど、仕事のときは必ずシングルタスク！」と念頭に入れておきましょう。

集中している時間にメールが届いても無視が基本です。アプリの着信音などははじめから切っておくのがいいでしょう。急な用件を頼まれても、集中時間にはいったん保留して、今のタスクに向き合うことも大切です。

ＴｏＤｏリストよりも高速化するシングルタスクメモ

皆さんの中には、ＴｏＤｏリストを作成して仕事している人が多いでしょう。

私は、ある時期からＴｏＤｏリストを作るのをやめました。なぜなら、ＴｏＤｏリストを作ると仕事が遅くなるからです。

そんな馬鹿な、とお思いになるかもしれません。

でも、こんな経験をしたことがあるはずです。たくさん書かれたＴｏＤｏの山を見て、こんなにやらなきゃならないことがあるのかとウンザリして、気持ちが落ち着かないことが……。

これがビジネスパーソンの現実（リアル）だと思います。

論理上は、確かにすべきことを「見える化」して「整理」することで優先順位をつけるのに役立つでしょう。

でもその代わりに、こんなにすべきことがあるのか、どれからやろうか、などとワーキングメモリをムダに消費して、集中力が削がれてしまいます。

だから私は、とにかく高速で仕事を片づける方向に意識を集中しているときは、タスクの洗い出しをすることをやめています。

日々フォーカスしていれば、最も優先すべき事柄など、わざわざＴｏＤｏに落とし込まなくてもわかりますよね。

目の前の最も優先すべき事柄にフォーカスして、高い集中力で片づけていけば、ToDoで記されるべきタスクは自然と処理されていくのです。

そのことに気づいた私は、ＴｏＤｏリストをやめて、その代わりに秒速でできる「シングルタスクメモ」を考案しました。やり方は極めてシンプルです。

- **集中タイムを開始する前にその時間に集中するタスクをひとつ書きます。**
- **そのシングルタスクを分解して、やるべきミニタスクにします。**

・それら全タスクにフォーカスして、集中タイム内に処理します。
・メモに書かれたタスクに線を引いて消します。

これの繰り返しです。なぜこんなことをするのかというと、小さなゴールを設定して成功体験を積み上げていることを「見える化」させて脳に刷《す》り込ませるためです。やってみるとわかりますが、これが快感になり、次のシングルタスクへのモチベーションになっていきます。

行動心理学に詳しい永谷研一《ながやけんいち》さんが、延べ1万2000人以上の行動実践データを分析したところ、小さな成功体験は、人にやる気や自信をもたらす大きな変化につながっていくことがわかったそうです。

こうした変化はいずれ自己肯定感にもつながるでしょう。シングルタスクメモは、そのための頼もしい味方になってくれるはずです。

また、**シングルタスクメモは、「今この瞬間」にフォーカスするためのノウハウともいえます**。ＴｏＤｏリストは、やるべきノルマや処理し切れなかった未来のことを考えさせるので、小さな不安やストレスを脳に与えてしまいます。

脳科学的には、不安はストレスの要素です。老化の原因となる活性酸素を排出するため、メンタルだけでなくフィジカルにもよくありません。だから、やる気を削いでしまうのです。

好きなことをしているとき、あなたも未来のことなど気にせず、「今この瞬間」を楽しんではいませんか？

シングルタスクメモは、「今この瞬間」に集中させてくれるため、あなたを未来の不安から解放してくれるでしょう。

シングルタスク集中術

マルチタスクは仕事のスピードを下げる！

①集中タイム開始前に、その時間に集中するタスクを１つ書く
②そのシングルタスクを分解して、やるべきミニタスクにする
③それら全タスクにフォーカスして、集中タイム内に処理する
④メモに書かれたタスクに線を引いて消す

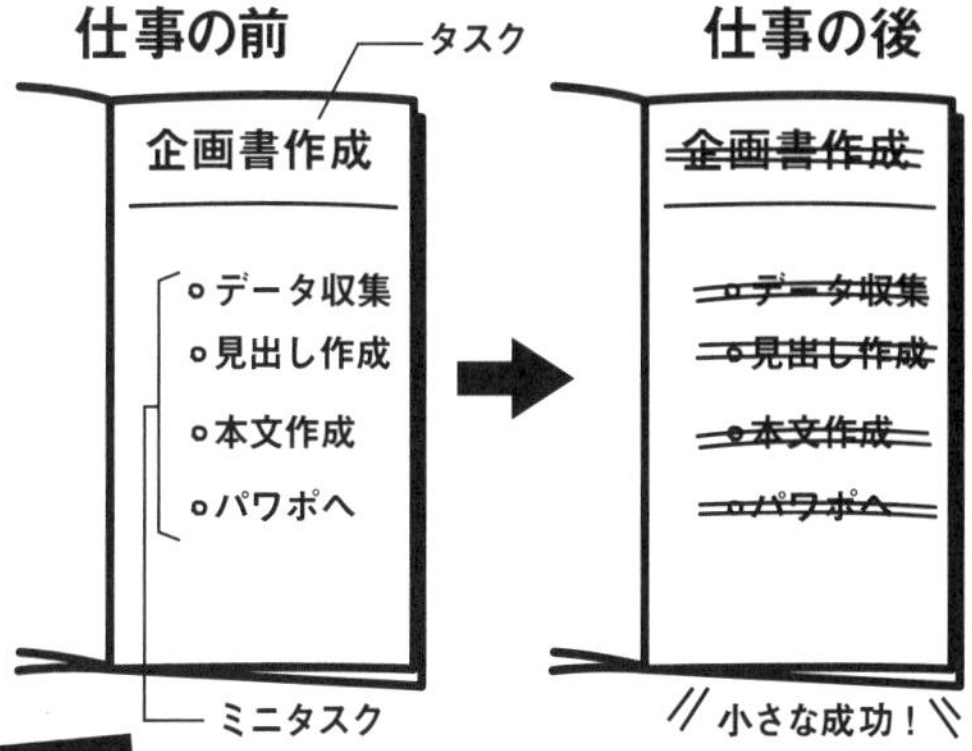

高速ポイント！

脳の「マルチタスクはできない特性」を活用！

・脳のワーキングメモリ（作業記憶）の浪費を防ぐ。余計な ToDo が目に入るとワーキングメモリを浪費するため、その時間に「やることだけ（シングルタスク）」を書くことで、高い集中力を発揮できるようになる。
・小さな成功体験を繰り返すとドーパミンの分泌が増え、モチベーションが上がり、ゲームをプレイしているように仕事が楽しくなってくる。

\ High speed /

この方法ならメンタルは簡単にコントロールできる

「ON・OFF」よりも「5段階ギア」を意識する

ここまで高速仕事術のノウハウを読み進めてみて、集中力を高めてフォーカスするのって、なんか大変そうだなあと思われたかもしれません。

たしかに集中して働くことに慣れていない人は、ハードルが高いと感じる人もいるでしょう。

でも、**やってみると案外簡単です。集中する時間を決めて、ストップウォッチを用意して、シングルタスクメモを取るだけですから。**

そうはいうものの、私も四六時中、高速仕事術をしているわけではありません。常にギアを入れて高速で走っていたら車は壊れてしまうのと同じです。高速仕事術もずっとオンのままにしていたら、メンタルが疲れてしまいます。

そこで私が取り入れているのが、**働くモチベーションを「5段階ギアで運行するイメージを持つ」ことです。**

「ON」と「OFF」でイメージしていると、オンのときは常に100％の力を発揮しなければならないので、プレッシャーを感じるため、働くときの精神的負荷が大きくなります。

その点、「1」「2」「3」「4」「5」と、5段階のギアでイメージしておくと、今日は絶対負けられない戦いだからギアは「5」、今日は成果を上げて落ち着いてきたから「3」、今日はプライベートで悩みがあり集中できないから「1」、という具合に、仕事の状況に合わせてメンタルをセットすることができます。

すると、**必要以上に精神的なプレッシャーを感じずに働くことができます**。ギアが「1」のときに仕事が思うように進まなくても想定の範囲内ですし、逆に予定よりも成果が上げられたら達成感も得られやすくなるでしょう。

また、メンタル崩壊を避けるためにもうひとつ念頭においておくべきなのは、**日々のスケジュールに何もしない時間をあらかじめ設定しておくことです**。もし集中する時間に仕事が終えられなかったとしても（原則は終わらせることですが）、毎日のスケジュールに1時間でも余白があれば安心感をもたらしてくれます。この安心感が、実は重要です。

アメリカのヴァージニア大学のデニス・プロフィット教授は次のような実験をしました。

気が滅入《めい》るような音楽を聴いたグループと、心が軽やかになる音楽を聴いたグループに、目の前の坂の角度を推測してもらったところ、前者のグループのほうが「急勾配《きゅうこうばい》である」と見積もったのです。

このことが何を意味するかというと、**心理的なストレスを加えられていると、脳の働きが鈍《にぶ》くなり、目の前の課題を難しいものだと捉《とら》えてしまう**ということです。

つまり、スケジュールにあらかじめ余白《よはく》を作っておけば、心理的なプレッシャーが軽減し、スムーズに高速仕事術に取り組めることになります。

「まだ余裕がある」という希望によって、人は能力を最大化できるのです。

デスクには座るな！　常にかかとを浮かせろ

ここまで、高速仕事術のアウトプットを最大化させるためのノウハウをお伝えしてきました。

もちろん、**アウトプット（行動）は、デスクやパソコン上だけで生まれるものではありません。現実を動かすすべての行為がアウトプットです。**

仕事に行き詰まってしまったら、5秒ルールでデスクから離れ、誰かに解決策を聞くことだって、広い意味でのアウトプットです。5秒ルールで書店に駆《か》けつけて、なぜ仕事が行き詰まっているのか、本で答えを見つけるのもいいでしょう。

あるいは、人と会い、打ち合わせたり、交渉したりするのが主な業務ならば、5

秒ルールで躊躇《ためら》わず動き出しましょう。

対人の仕事に苦手意識がある人もいるかもしれませんが、あらゆる仕事の理屈は同じです。

働く目的や目標が定まっており、それを達成するために人に会わなければならないなら、躊躇う理由はありません。

門前払《もんぜんばら》いされてもいいのです。あなたにはその仕事を進める目的があったのですから、失敗でも何でもありません。秒速で改善して、次のアウトプットにつなげていけばいいでしょう。

「ＩＯＫ高速サイクル」は、どんな仕事でも汎用性《はんようせい》抜群なのです。

なにより大切なのはグジグジと悩まないこと。目的に近づかないムダな選択や集中力の浪費をやめることです。
デスクの上で問題解決の糸口が見つからないのならば、そこはあなたが座っているべき場所ではありません。5秒ルールで、改善のためのインプットをしましょう。

デスクワークで停滞《ていたい》しないため、常にかかとを浮かして動き出せるような心意気でいることが大切です。

＼High speed／

脳にインパクトを与える最強のインプット法

インプット効率が飛躍的にアップ！高速読書の仕方

さあ、ここからは高速仕事術を停滞させないためのインプット術をお伝えしていきましょう。

前述したように、**インプットはあくまでアウトプットをするために必要なアイテムです。ノウハウコレクターになったら意味がありません。**その点だけはご注意を。

さて、あなたは情報不足から仕事に行き詰まったとき、まず何をするでしょうか？　現在、一番多いのは、ネットで検索することでしょう。今は、ネットで検索すれば、膨大《ぼうだい》な量の情報を手に入れることができます。

しかし、ネットだけでは事が足りないときがあります。ネットの情報は玉石混淆《ぎょくせきこんこう》で整理されておらず、その情報が自分の目的を達成するのに役立つものなのかわかりにくいためです。ネットで調べても、基礎知識がないとチンプンカンプンなことも少なくないでしょう。

また、ネットの特性上、体系的にまとまっておらず、タイトルに寄せて強引にまとめられていたり、情報不足のまま完結していることも多いのが実情です。

そこで登場するのが、インプットの代名詞、読書です。**私は1冊を30分で読め、**

かつ記憶にも定着する読書術、高速読書を考案しています。詳しくは拙著《せっちょ》『死ぬほど読めて忘れない高速読書』を参照していただければと思いますが、ここでは、そのインプットメソッドを簡単に紹介しましょう。

【高速読書のやり方】

① 1冊の本を計3回読む（1回目は15分。2回目は10分。3回目は5分）
② ストップウォッチを使って制限時間内に読む
③ 青ペンで本にメモを書きながら読む
④ 自分の目的を解決してくれる情報を探して読む

そんな短時間で本を読めないよ、と思う方がいるかもしれませんが、高速読書の目的はあくまで「必要な情報を探す」ためのメソッドなので、誰でも実践可能です。自分に関係ない情報はどんどん読み飛ばすので、この時間内で読破できます。

高速読書術

インプットをすぐに
アウトプットに変える読書法

高速読書術は、仕事を進める中で課題が生じた際、読書によって効率よく情報収集するためのメソッドです。高速読書術なら、内容を忘れず、インプットした情報をすぐにアウトプットにつなげていけます。

①1冊の本を計3回読む

全ページ読む
青ペンでメモ

青ペンの
箇所を読む

アウトプットを
考えて読む

②ストップウォッチを使って制限時間内に読む

高速ポイント!

脳科学の「分散効果」を活用！

- １回熟読するより、複数回速く読むほうが記憶に定着するため（分散効果）、インプットの時間がムダにならない。
- アウトプット（行動・課題解決）のためのインプットなので、読書が１００％仕事の成果につながる。
- 読書スピードが格段に上がるため、アウトプットに集中することができる。

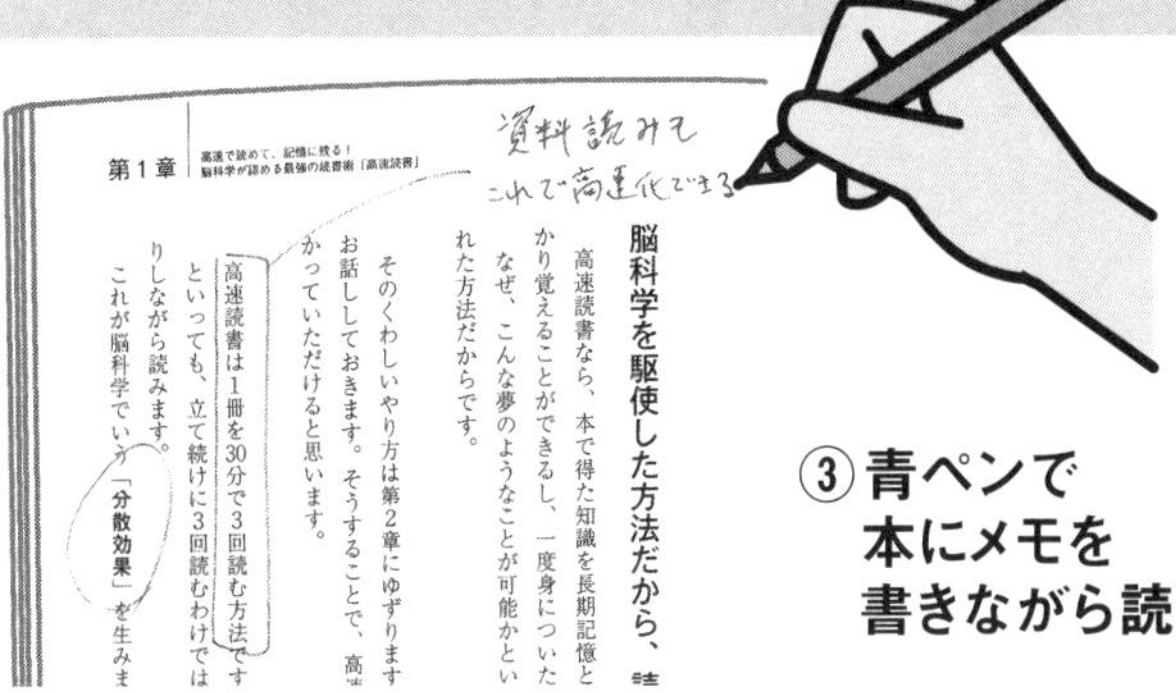

③青ペンで本にメモを書きながら読む

④仕事の課題を解決してくれる情報を探して読む

3回読むのは、脳科学における「分散効果」を狙っているからです。**1回じっくり読むよりも、複数回にわけて読んだほうが脳に記憶が定着しやすく、このことを「分散効果」といいます。**

ストップウォッチを使うのは、本書で紹介した「高速タイムアタック時間術」と同様に、**制限時間を設けると高い集中力を発揮できるから**です。

青ペンで本にメモをするのは、本にエピソードを残すためです。メモをしたページには、普通のページとは違うエピソードが生まれます。**脳には「エピソード記憶」という機能があるため、エピソードが残された本の内容は記憶しやすくなります。**

高速読書をする際に重要なのは、あくまで本の目的が「課題解決」のためであるのを忘れないことです。

このルールで読書をすると、どうでもいい部分をどんどん読み飛ばせます。すると、インプット効率も飛躍的にアップしていきます。

読書をインプット術の武器にされる方は、ぜひ拙著に目を通してみてください。

スマホでのインプットは見出しだけで情報を浴びろ！

インプットをすべてスマホで済ませている人は少なくないでしょう。

私ももちろん利用しています。

難題解決や新しいことにチャレンジするときは必ず高速読書でインプットしていますが、「アウトプットに今すぐ役立ちそうで」「世の中や時代の流れやトレンドを把《は》握《あく》するため」の日常的インプットには、スマホやアプリを利用しない手はありません。

しかし、せっかくスマホというインプットの武器があるにもかかわらず、その特性を十分に生かし切れていない人が多いのではないでしょうか。

今ではわざわざ雑誌を購読しなくても、次のようなニュースサイトで良質なコンテンツを好きなときに、いくらでも入手できます。

●私が日々のニュース収集に実際に活用しているニュースアプリ

・Ｙａｈｏｏ！ニュース
・東洋経済オンライン
・ダイヤモンドオンライン
・プレジデントオンライン
・ＺＵＵオンライン
・四季報オンライン
・まぐまぐオンライン
・ライフハック

こういったニュースやまとめサイトを閲覧《えつらん》する際、頭の記事からじっくり読むことはいただけません。このタイプは完璧主義者に多いのですが、ニュースを読むからには、読んだ内容をすべて理解して、記憶しておきたいと思っている人です。

しかし、これほどナンセンスなことはありません。

インプットはあくまで「ＩＯＫ高速サイクル」を回すための、ゲームにおけるアイテムの役割であることを忘れないでください。高速仕事術におけるインプットは、「アウトプットに役立ちそうな情報」を見つけることが目的です。ニュースサイトの記事をじっくり読むことほど、時間のムダはないでしょう。なぜなら、ほとんどのニュースはあなたの仕事に関係がないからです。

では、どうすればいいのか？

それは、**見出しだけを高速で読んでいくことです**。読むというより、目を滑《すべ》らせるといったほうがいいかもしれません。

たとえば、「バイデン氏　勝利の流れ加速か」という見出しがあったとしましょう。これだけで、内容が一瞬でわかります。アメリカ大統領選はまだ決着がついていないものの、バイデンが有利なんだなとすぐわかるでしょう。

記事の内容が自分の今の仕事とは関係ないならば、深追いしても時間のムダです。見出しを読めばだいたいの内容を把握できます。

・米国の石油備蓄量が予想以上の増加
・米国のシェールオイルの経営破綻《はたん》が本格化
・サウジアラビアとロシア、先物《さきもの》価格上昇で生産量の減産協調できず

この3つのニュースタイトルを見るだけでも、今後の石油価格の動向を予測し

て、投資の戦略を立てることがある程度できます。

このように見出しに目を滑らせていくと、驚くほどたくさんの情報に触れることができます。その中で、実際にあなたが読む記事は、仕事あるいは投資などのビジネスと関係がありそうだと思ったものだけです。1日に2、3本の記事に出合えれば十分でしょう（実際、私が深く読み込むのは1日3～4本程度です）。

私は、自分が必要な記事に効率よく出合うために、さまざまな工夫を凝《こ》らしています。**ニュースサイトにアップされる記事をフォローという機能を使って、Ｙａｈｏｏ！トピックスでタグ付けする方法もそのひとつです。**

「投資」や「経済」など、ほとんどのサイトをクリックひとつでジャンルが細分化できるため、この機能を使わない手はありません。

こうしておけば、芸能人が不倫したなど、自分と関係のない記事に出合うことはありません。ノイズはあらかじめ排除しておくことが大切です。

加えて、**スマホでのインプットは、電車やタクシーでの移動中など、スキマ時間に限定しておくほうがいいでしょう。**

このインプット法を使えば、10分もあれば新規にアップされた記事をだいたいチェックすることができます。アプリをスクロールするだけなので、慣れれば待ち時間や移動時間だけで200本以上の記事のタイトルを確認できます。

ムダにスマホをいじって、ムダなインプットをするのはもうやめましょう。その行為は決してあなたの行動を変えません。貴重なアウトプットの時間を減らさないよう、日常的に心がけるべきです。

ユーチューブは2倍速で見ろ！

さあ、まだまだいきますよ。

百聞《ひゃくぶん》は一見《いっけん》にしかず。

情報の種類によっては、文章よりも映像のほうがインプットに適している場合は少なくありません。

そんなとき役立つのがユーチューブです。わからないことをユーチューブで検索すれば、すぐに答えを示した動画にたどり着くことができます。

いまや、ユーチューブは娯楽や趣味の動画ではなく、問題を解決するためのコンテンツプラットフォームとなっています。つい先日までグーグルでわからないことを解決していた若者が、ユーチューブの、しかも動画で見聞きしたり、比較している風景が日常的になってきています。

つい先ほども、私はユーチューブで課題を解決しました。

愛用のノートパソコンのキーボードの反応が鈍《にぶ》く、仕事が停滞してしまうのです。でも、修理に出すのも億劫《おっくう》ですし、時間がかかってしまうため、自分で直そうと決断。

ネット上には、キーボードの直し方を記したサイトがたくさん見つかりましたが、文字と写真だけではイメージをつかむのが難しいことも、動画なら手に取るようにわかります。

しかも、追加で知りたい情報も、ユーチューブのＡＩが関連動画として自動的に提示してくれます。まさにＡＩ執事を、無料で手に入れたようなものです。だからこそ、**私は常日頃からユーチューブに助けを求めています**。

その動画を見ながら、修理してみると、ものの3分でキーボードも復活。おかげで原稿を書く仕事が停滞せず、今もこうして高速仕事術の執筆を継続できています

（集中してパソコンに向き合うと、ついタッチが強くなりキーボードを破壊してし

まう危険性があるので注意が必要です）。

このように、ユーチューブは何かを調べるとき、使い勝手がいいものです。

また、専門知識を増やすための学習ツールとして使用している人も少なくないでしょう。**そんな人にオススメなのが、ユーチューブを「2倍速」で見る**こと。

ユーチューブの動画には、内容は良質なのに、編集がダラダラしているものがあります。そのような動画を見ると、時間を浪費したわりに得られるものが少なかったと感じることも少なくありません。

そんなときは、動画を2倍速で見てみましょう。時間の浪費を防ぎつつ、効率的なインプットができるようになるはずです。これは、速聴という能力開発手法でもあります。押し寄せる情報の波に脳が刺激されて、深い集中状態で動画を見ることができます。

再生画面の設定のアイコンから速度を変更できるので、ぜひ試してみてください。

\ High speed /

潜在意識のパワーを借りて、直感力に磨きをかける

冗談でもネガティブな発言や思考をするな！

以上が、高速仕事術の「ノウハウ」です。このノウハウをただ実践してもらえれば、あなたはひとつの目的に向かってフォーカス力を上げ、「ＩＯＫ高速サイクル」を回して、仕事のスピードを最大化することができます。

「そんなバカな」

「私にはできない！」

などと、思った人は注意したほうがいいでしょう。

私たち人間には、自分の言葉に無条件に同化してしまう性質があります。この性質は「暗示の感受習性《かんじゅしゅうせい》」といい、あなたはあなたが日常的に発している言葉にどんどん同化してしまうのです。

つまり、**「私にはできない！」と言葉にするとできないし、「やりたくない」と言葉にするとやりたくなくなってしまうのです。**実際に声を発するだけでなく、頭の中で言葉にする（つまり考える）だけでも、同じように同化してしまうといいます。

なぜ、そんなことが起きるのでしょうか。

それを説明するには、脳の構造を理解しなければなりません。

人間の脳は「顕在《けんざい》意識」と「潜在《せんざい》意識」に分かれています。顕在意識は自分で意識できる部分で、潜在意識は無意識の部分です。

よくある比喩ですが、氷山にたとえると、海上に浮かんでいる部分が顕在意識で、海中に沈んで見えない部分が潜在意識。その比率は、顕在意識は10％未満であり、潜在意識は90％以上といわれています。

つまり、**私たちの意識のほとんどは、海に沈んで見ることのできない潜在意識によって左右されているのです。**

そして、私たちが意識できないところで、潜在意識は言葉の影響を受けています。自分がなんとなく口にしたり考えたりしたネガティブな言葉は、潜在意識の中に蓄積《ちくせき》されているのです。

仮にあなたが冗談で「私にはできない」と口にしても、潜在意識には「私にはできないんだ」という情報が新たに刷り込まれて、それが脳の中で澱《おり》のようにたまっていくことで本当にできなくなってしまいます。

私たちが日常的にネガティブな言葉や思考をしないほうがいいのは、このためです。冗談でもＮＧです。

実際、一流の外資系保険営業マンは、たとえ冗談でもマイナスのイメージにつながるような言葉は口にしないといいます。

私自身もそうです。経営や投資、セミナーや飲みの席でさえ、ネガティブな言葉を口にすることは極力避けるようにしています。逆も同じで、ユーチューブのコメント欄などにネガティブな投稿があると、潜在意識に入る前に、即座に削除します。そこに躊躇《ちゅうちょ》はありません。

これが、私が成功に至るまでに徹底してきた鉄の掟《おきて》であり、例外は一切認められない基本のワークスタイルなのです。

このように、**本当に高速仕事術によって願望を実現させたいと願うなら、徹底的**

に「やりたい！」「私はできる！」という言葉を潜在意識に刷り込ませていくことが大切です。

そうすれば、あなたは潜在意識の無限のパワーに後押しされ、これまでとはまったく異なる働き方ができるはずです。

また、繰り返しになりますが、他人からかけられる言葉にも注意が必要です。スペインのマドリード大学のマーチン・ローチ博士は24人の被験者《ひけんしゃ》に、ポジティブな言葉とネガティブな言葉、そのどちらかを他人に投げかけられたときの脳波を測定しました。

すると、ポジティブな言葉をかけられた場合は、脳のアクセルが活性化し前向きになり、一方ネガティブな言葉をかけられた場合は、脳にブレーキがかかり気持ちが後ろ向きになったそうです。

私たちの実感としても、ネガティブな発言ばかり聞いていると、気持ちが落ち込んだり気分が悪くなることがあるかと思います。

子どもの教育もそうです。2歳の子どもでさえ、親から虐待《ぎゃくたい》されてマイナスの言葉を浴びせられ続けると、自己肯定感がなくなり、無気力な子どもに育ってしまいます。**ネガティブな発言は脳の活性度だけでなく、脳の萎縮《いしゅく》にも影響を与えてしまうのです。**

高速仕事術を実践する際は、こうした言葉の悪影響によって脳を衰《おとろ》えさせないように注意しましょう。自分は常にポジティブな発言をし、思考をする。ネガティブな発言をする人にはできるだけ近づかない。

正直、こと仕事においてはすべての人と関わる必要はないことを知っておきましょう。

このことを意識するだけで、あなたの仕事の生産性も、流れや運気さえも、驚くほど向上していきます。

高速仕事術をとにかく始める！　とにかく慣れる！

高速仕事術をすると、脳がフル回転して、ドーパミンが分泌され、ランナーズハイならぬワーキングハイ状態になります。とにかく始めてみて、その心地よい疲労感と充実感を味わっていただければと思います。

最初のうちは意識的に高速仕事術をする必要がありますが、しだいに慣れてくるでしょう。高速道路を走る車の運転と同じです。

最初は運転するのが不安で、必死にハンドル操作をしていたかと思いますが、慣れてしまえば簡単なものです。

高速仕事術も、車の運転と同じように、常日頃から習慣化することで簡単にもの

にすることができます。

ただし、走り出さなければ、どこにもたどり着くことはできません。

人間は何が苦手かというと、科学的に考えるならば「慣れていないこと」を極端に嫌う習性があります。

ＮＴＴコミュニケーション科学基礎研究所で脳科学を研究している柏野牧夫《かしのまきお》さんは、プロ野球選手が初めての対戦相手に弱かったり、ベテランの選手が高校球児の球を打てないのは、慣れていないからだといいます。

また、野球選手はピッチャーの球を視線で捉えられる情報は一部にすぎず、脳の予測によって「速い」「遅い」などの情報をキャッチしているといいます。

０・５秒以内に勝負が分かれる勝負では、自分が意識してから決断に移すプレーはほとんど役に立たず、脳が勝手に働いて判断を下してプレーをしているそうです。柏野さんはこの力を「潜在脳機能」と呼んでいます。

私たちの目標も、この潜在脳の能力を極限まで高めることです。

潜在脳が鍛えられれば、無意識レベルで高速仕事術ができるようになり、直感力も行動力も磨かれていくでしょう。

究極なところ、そのために必要なのが、まずは始めて慣れることです。

そこで次章は、高速仕事術を継続して慣れるための効果的な思考法を紹介したいと思います。

\ High speed /

第3章

「高速仕事術」を習慣化するためのメンタルセット

\ High speed /

アウトプットを始めた瞬間が成功への第一歩

スタートして3カ月は積極的に「失敗」を取りにいけ！

この章では、高速仕事術を習慣化するためには、どのような心持ちで仕事に臨めばいいのか解説していきます。

実際に高速仕事術を始めて壁にぶつかったとき、モチベーションを維持するための参考にしてください。

まず、**何か新しいことにチャレンジするときは、必ず「失敗」します。**繰り返しますが、このことを覚えておきましょう。

私も、これまで数え切れないほどの「失敗」を重ねてきました。

放送作家時代は、企画が通らないことなど当たり前。むしろ一発で企画が通ることなどほとんどなく、何百本という「失敗」企画からスタートし、そのたびに改善をしていくことの大切さを学びました。

26歳で始めた株式投資も、いかに早い段階で「失敗」を重ねるかが大事です。これは私の持論ですが、**「株式投資こそ失敗から始まるゲーム」だと考えています。ある程度株式投資を経験した方ならわかる通り、失敗と成功の積《せき》の先にしか、自分本来の勝ちパターンは見つかりません。**

むしろ一番危険なのは失敗を知らずに、どんどん株にはまっていってしまうパターンです。**ビギナーズラックを自分の実力だと過信してしまうと、あとから大き**

く資産を失いやすくなります。

失敗を経験することで、そこからチャートの見方や、買いや損切りのタイミング、資金分割の方法などを学んでいきます。

すると、あらゆる失敗と成功のパターンを体験することで、脳のデータベースに経験値が蓄積され、類似のパターンで次はこうすればいい、といった直感力も磨かれていきます。その結果、コロナショックやリーマンショックのような大きな下落《げらく》相場や非常事態にも対応することができるのです。

会社経営も同様です。「失敗」を経験するからこそ、次の不景気や、社員が一斉にやめてしまうといった（まだそうした経験はありませんが）、不測の事態にも持ち堪《こた》えられる会社になれるといえます。

また、昨年始めたユーチューブも、最初の1カ月は「失敗」続きでした。チャンネル登録者数は全然伸びず、バカにするコメントが書き込まれて心が折れそうになったときもありました。とくに照明を四方から照らすため、夏場の撮影のつらさはひとしおでした。

当時はまだ800人ぐらいの登録者しかいません。誰も見てくれることのない動画を、自分で撮影して、自分で編集する。この孤独な環境と作業には、さすがの私も心が折れそうになりました。

しかし、このときはすでに高速仕事術を確立していたため、「壁にぶつかった。これはチャンスだ。フォーカスすることで、この壁は3カ月で破壊できる」と考えられるようになっていました。そして実際、800人たらずだったチャンネル登録者数を3カ月後には4万人へと飛躍的にアップさせることに成功します。

ここで私が何を言いたいかというと、**「失敗を積極的に取りにいく」つもりでアウトプットをし続けよう**、ということです。

そもそも、**集中して取り組んだ仕事に、失敗なんてものは存在しません。**初めて歩き始めた赤ちゃんが、2、3歩で転んでしまっても、誰も失敗だなんて思わないですよね。赤ちゃんは歩き始めるというアウトプットをしたからこそ、経験値を積んで、数カ月後には部屋中を歩き回ることができるようになります。

長い目で見れば、はじめに転んだことは、成功の一部。いえ、**そのアウトプット自体が成功そのものなのです。**

私たちの仕事や人生さえも同じです。はじめの一歩を踏み出し、転ぶ経験をするからこそ、目標を達成できるといえます。

だから、**もし失敗したら、成長する機会を与えられたと、喜ぶくらいのスタンス**

でいましょう。 3カ月も継続すれば、必ず壁を打破することができます。

「3カ月」という期間は、私が経験的に導き出したものですが、先述した通り脳科学でも3カ月で脳の構造的変化が起こるという研究もあり、そのことと無関係ではないでしょう。

とにかく3カ月続けてみる。結果としてあなたは、高速仕事術を自分のものにし、理想のキャリアを築いていけるでしょう。

成長のS字曲線をイメージしろ

私は、仕事の壁にぶつかっている社員によく、「成長のS字曲線」をイメージするようアドバイスしています。

成長のS字曲線とは、「すべての成長はS字の曲線を描く」という法則です。

ハーバード大学でベストティーチャーに選ばれ続けた柳《やなぎ》沢《さわ》幸《ゆき》雄《お》さんが、人を育て

る中で見つけ出した法則です。

仕事の成果やそれに伴《ともな》う自信は、一次関数のように、時間と成果が比例するわけではありません。次ページの図のように、停滞する期間と急上昇する瞬間があるような、S字曲線を描いていくのです。

停滞する期間は、努力しているのに成果を感じられないため、ここで諦《あきら》めてしまう人が多いタイミングです。

このまま続けてもいいのか？　もっと効率的なやり方があるのではないか？　やっぱり無謀《むぼう》なチャレンジだったのでは？　といった不安に襲《おそ》われます。何も生み出していないように思え、周囲からの批判も耳に入りやすくなります。

しかし、この停滞期間を耐えて努力し続けると、一気に曲線が急上昇し、ブレイクスルーする瞬間が訪れます。

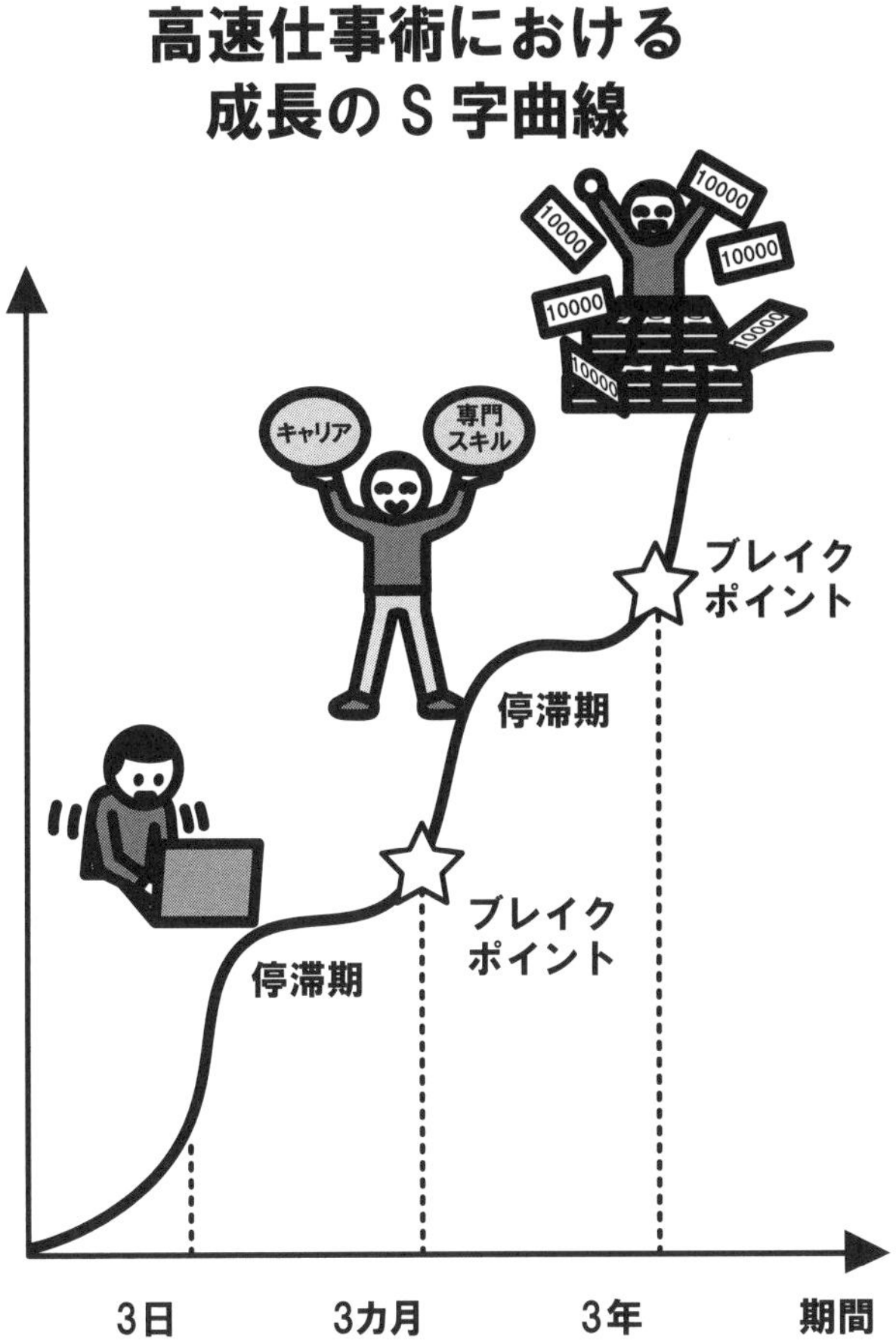

停滞期に努力を続けられるかがカギ

成長を続けられる人というのは、あらゆるチャレンジでこの「S字曲線」を何度も繰り返すことができる人です。停滞期間があることを知っていれば、次のブレイクスルーの瞬間まで「インプット×アウトプット×改善」を続けながら、ひたむきに努力を重ねることができます。

繰り返しますが、停滞期間に壁にぶつかることもひとつの成功体験です。壁にぶつかるまで努力してきたということですから。

逆にいうと、壁にぶつからないということは、あなたにはもうその仕事で成長できないことを意味しています。あるいは、目的や目標設定のハードルが低すぎる可能性があります。

停滞期間に耐え、ブレイクスルーする瞬間は、何ものにも代えがたい快感があります。目標を達成する瞬間というのは、これまで紹介したように脳からドーパミンが分泌《ぶんぴつ》され、「あの快感をもう一度！」状態になり、次へのモチベーションを維持することができます。

ですから、**高速仕事術を始めたら、とにかく「壁にぶつかった」と感じるまで続けること。そして、S字曲線を思い浮かべて、ブレイクスルーの瞬間まで継続することです**。その前にやめてしまったら、それまで費やした時間も労力も、すべてがムダになってしまいます。スタートしたら、絶対にゴールまでたどり着きましょう！

高速仕事術は、ブレイクスルーするまでの期間を「3日」「3カ月」「3年」としています。

最初の３日は、高速仕事術のノウハウを習得する期間です。３日間集中して実践すれば、その後は一気に働くスピードを上げることができます。

次にブレイクスルーするのは３カ月後です。その間、さまざまな壁があなたの前に立ちはだかってくるでしょう。しかし、この停滞期間に耐えて「ＩＯＫ高速サイクル」をひたむきに回し続ければ、一生もののスキルを身につけ、成果を実感できることでしょう。新しい肩書やキャリアを形成するのも、３カ月もあれば十分です。

その後も、停滞やブレイクスルーを繰り返しながら、Ｓ字曲線をつないでいけば、３年後、あなたはその仕事のプロになっています。

高速仕事術でひとつのことを3年続ければ、周囲が一目《いちもく》置いたり信頼してくれるほど、その道を極めているはずです。

私も投資を始めて3年後には、億を稼《かせ》ぐスキルや直感力を身につけていました。経営も3年後には続々と大規模案件が決まり、社員数も増え、業界最大手の上場企業と案件を争うほどに事業を拡大していきました。放送作家のときは、3年後にレギュラー番組を複数持つことができました。

始めてまだ半年のユーチューブですが、3年後にはどうなっているか今から楽しみです。私のこれまでの経験では、チャンネル登録者は10万人を超えていることでしょう。多くの方からユーチューブ成功のアドバイスやコンサルティングを求められたり講演をしている私の姿が目に浮かびます。もしかしたら、ユーチューブマーケティングの本を出版しているかもしれません。

まさに、石の上にも3年です！

壁にぶつかったときは、成長のS字曲線を思い出して、壁を破壊していきましょう！

\ High speed /

仮想ライバルを設定すると、目標設定が具体化する

3点を意識して仮想ライバルを作れ

第1章でもお伝えしましたが、**高速仕事術は仕事の使命や目的、ヴィジョンが明確に定まっている人でなければ、実践しても意味がありません。**

使命や目的、ヴィジョンがなければ、そもそもひとつの物事にフォーカスできないため、ノウハウだけ真似をしても、成果を上げることはできないでしょう。

目的やヴィジョンがないということは、エンディングが存在せず、永遠にクリアできないゲームを継続しているようなものです。そんなゲームをしていても面白くないし、ゲームに費《つい》やす体力も気力も失われてしまいます。なにより、すべてのアウトプットが徒労《とろう》に終わってしまいます。

皆さんは、「自分がどうなりたいか」「何のために働くのか」を明確に言語化することができるでしょうか。

実は、これが案外難しいのです。

「成功したい」「お金を稼ぎたい」「有名になりたい」「できる人になりたい」といったフワッとしたヴィジョンでは、明確な目標設定ができず、結果として物事へのフォーカス力が弱まってしまいます。

そこでオススメの方法があります。

ぜひ、あなたの仕事や人生の「仮想ライバル」を作ってみましょう。「あの人のようになりたい」「あの人に勝ちたい」というライバルを一人設定してみるのです。

アニメや特撮ヒーローなどでは、必ず主人公のライバルが存在します。ライバルはときには主人公を励《はげ》まし、ときには圧倒的な差を見せつけることで、成長のきっかけをつくります。それと同じです。

仮想ライバルを設定する際は、次の3点を意識して設定します。

1、あなたの目的を実現するための「ロールモデル」になる
2、あなたが欲しい結果を本当に得ている
3、あなたのやる気を刺激して、「頑張りの基準」を高めてくれる

仮想ライバルは上司や同期など仕事に関わりがある人でも、目標とする経営者など、遠い存在から設定してもＯＫです。必ずしも「憧れの人」である必要はありま

せん。「絶対にあいつに勝つ」というようなあなたのモチベーションを刺激する人物ならば、なおいい効果を生み出すでしょう。

仮想ライバルを設定すると、やるべきことが明確になってきます。仮想ライバルに比べて自分は何が足りないのか逆算でわかり、フォーカスすべき事柄が明確に具体的になります。

私も何か新しいことを始めるときは、必ず仮想ライバルを設定します。起業したときは、同じPR業界の第一線で活躍している経営者を勝手にライバルにしました。壁にぶつかったときは、彼ならどう解決するだろうかと考えてアウトプットを重ねていきましたし、彼のフェイスブックページをたまに訪れては、寄稿や出版で活躍する彼の姿に自分を重ねて、刺激を受けてきました。

そして、成長していくに従って、憧憬《しょうけい》だけでなく、今度は仮想ライバルとして追い越すための方法を考えます。

彼に勝つために自分はビジネススクールでMBAを取得しよう、脳神経の医学会に所属して脳科学を学ぼう、彼がまだやっていないユーチューバーになろう、という具合に、追い抜くためのフォーカスを重ねていきます。このようにして私は数々のキャリア形成を、苦労ではなくむしろヒーローゲームのように楽しんで築いてきました。

しかし、**仮想ライバルにも賞味期限はあります。あなたのモチベーションを刺激しなくなったライバルとは、これまでの感謝を心の中で述べながらお別れしましょう。さらに巨大な仮想ライバルを設定して、さらなる成長を目指すのです。**まさに国民的アニメのドラゴンボールやワンピースの世界です。

「自分がどうなりたいか?」を言語化できない人は、無理して言葉を紡《つむ》ぎ出そうとはせず、まずは仮想ライバルが誰か決めましょう。

どんなスキルを得たいのか、どんなキャリアを築きたいのか、どのようなステージでスポットライトを浴びたいのか、あなたの本心が見えてくるはずです。

イメージトレーニングはあなたの経験値をアップさせる

仮想ライバルを設定して、仕事の目的やヴィジョンが明確になったら、続いて成功している自分を繰り返しイメージしましょう。

実は、人はイメージをするだけで、実際に経験したのと同じように、脳に記憶を作ってしまうことができます。

アメリカのマクスウェル・マルツ博士は、イメージトレーニングでバスケットのシュートが上達するかどうかの実験をしました。

75人の選手を対象に20日間にわたって行われた実験では、イメージトレーニングだけしたグループと、実際にシュート練習したグループとでは、技術力の向上率はほぼ変わらなかったそうです。

また、ゴルフ界のレジェンド、ジャック・ニクラスは、脳が筋肉に指令を送る様子を頭に思い浮かべて、スイングのイメージトレーニングをしていたそうです。すると、実際にスイングしたとき、筋肉のほうが勝手にスイングの方法を思い出したといいます。

これらのエピソードからわかるのは、**脳にはイメージトレーニングだけで「手続き記憶」ができあがる**、ということです。

「手続き記憶」とは、同じ経験の繰り返し（反復練習）によって獲得できる記憶のことです。自転車に乗る、楽器を演奏する、泳ぎを覚える、などができるようになるのは、すべてこの「手続き記憶」のおかげです。

しかも、**経験していなくても、イメージをするだけで「手続き記憶」ができあが**

るのですから、これを利用しない手はありません。物事にフォーカスするとき、次々と仕事をこなしている自分や、成功を勝ち取った自分を繰り返しイメージしていけば、脳にはそれが「手続き記憶」として保存されます。

そのため、**いざ実行に移したとき、脳はそれを「できること」「実現すること」として錯覚して認識しているため、本当にできるようになり、実現していくわけです。**

スキージャンプ選手として史上最多計8回の冬季オリンピックに出場した葛西紀《かさいのり》明《あき》選手は、理想の自分を思い浮かべて成功体験を繰り返し、脳に「手続き記憶」をさせる「イメージトレーニング」を続けていたといいます。その有効性は、葛西選手の20年以上にわたる活躍を見れば明らかでしょう。

スピリチュアルの世界ではこれを「引き寄せ」などと言っていますが、「引き寄せ」は脳科学的に見ても一定の妥当性《だとうせい》があるのです。

しかし、いつまでもイメージトレーニングをするばかりで行動に移さなければ現実は何も変わりません。そのことは忘れないようにしましょう。

仮想ライバルの写真を手帳に貼れ！

仮想ライバルを設定したら、仕事の目的・ヴィジョン・夢・目標などを言語化して、手帳の最初のページに箇条書《かじょうが》きで書きましょう。たとえば、「ユーチューブチャンネル登録者数１００万人達成！」といった具合に、端的《たんてき》な言葉で書きます。

「書く」という行為は、脳に与えるインパクトが大きく、潜在意識に情報を刷《す》り込ませるのに役立ちます。

脳は体全体のあらゆる部分をモニターしていますが、特に手と指に割《さ》いている範囲が広いため、手と指を使うと脳を強く刺激できるのです。そのため、デジタルよりも手書きのほうが記憶に定着しやすいといわれています。

また、手帳の最初のページに書く理由は、毎日手帳を開いて、その文字を視覚的に認識するためです。夢や目標は、そのことを考える時間が長ければ長いほど、達成できる可能性が高まります。反復のイメージトレーニングでも紹介した通りです。目にした回数が10回の人、１００回の人、10万回の人では、脳が錯覚を起こす強度に差が生まれます。

手帳に書かれた文字に毎日目を通すことで、現在の自分との距離を推《お》し量《はか》ることもでき、その距離を埋めるために高速仕事術をしようと、フォーカス力とモチベーションを維持することができます。

さまざまな人が仕事の目的・ヴィジョン・夢・目標などを言語化する大切さを語っています。しかし、それを聞いても100人中99人は、実際にはやっていないのではないでしょうか。

それはなぜなのでしょう。

私は意思の力というより、実際それを毎日の生活の中で、どう仕組み化していくかの方法まで教えていないからだと思います。

大切なスキルやノウハウを知っても、それをあなたの生活の中でルーティン化させることまでできなければ、ただのインプットで終わってしまいます。

手帳の最初のページに、仕事の目的や夢を書き加えることは誰でもできます。

今すぐやりましょう。それだけでライバルと差がついて、成功へと近づくことができます。

さらに、潜在意識まで目標を刷り込ませるためのオススメの方法があります。先

手帳の最初のページに
究極の目標を書く！
仮想ライバルの
写真を貼る
ユーチューブチャンネル
登録者100万人達成！
なぜ頑張るのか毎日確認しよう

述した仮想ライバルの写真を手帳に貼りましょう。これは本当に効果てきめんです。

たとえば、「ユーチューブチャンネル登録者数100万人達成！」の横に、仮想ライバルにしたユーチューバーの写真を貼れば、毎日ライバルと顔を合わせることになります。

ライバルが勝手にあなたに語りかけてもきます。その言葉は、あなたの成長のステージによって変わっていくはずです。自分が何のために頑張るのか一時《いっとき》も忘れることがないでしょう。

人間の記憶に残りやすいのは、テキスト（文章）よりもイメージ（画像）です。その理由は、右脳の力に関係しています。右脳は左脳の何倍もの情報処理能力を持っており、その右脳が得意とするのがイメージの記憶なのです。

仮想ライバルの写真を毎日見れば、右脳が刺激され、潜在意識にまでライバルのイメージが刷り込まれるでしょう。

そうすることで、あなたは常にライバルに勝つための行動をとることができるようになるのです。

＼High speed／

「ドーパミン愛好家」になってモチベーションを上げまくろう

一流の経営者はみんな「ドーパミン愛好家」

人が何かを達成すると、脳に神経伝達物質のドーパミンが分泌されて快楽を得られることは、繰り返しお伝えしてきました。ドーパミンには中毒性があり、快楽を得てしまうと、人は「もう一度味わいたい」と願うようになり、同じ行動を繰り返すようになります。こうして、人は何かに熱中していくわけです。

高速仕事術も、いかにドーパミンを分泌させるかが、熱中して継続するためのポイントとなります。

経営者には、「ドーパミンで得られる快楽」の虜《とりこ》になっている人が非常に多いと思います。

経営者は、成功を積み重ねて「今」があります。

大きなプロジェクトを実現した、利益を増やした、社員を増やした、社会貢献をした、と数々の成功を収めるたびに、ドーパミンがドバドバと分泌されてきたため、知らぬ間に「ドーパミン愛好家」になってしまうわけです。

一流の経営者ほど、信じられないくらいの行動力や指導力を発揮して、エネルギッシュに楽しそうに仕事をしています。

大金持ちなのだから優雅《ゆうが》に別荘暮らしでもしていればいいのに、彼ら彼女らはそうはしません。

なぜなら、ドーパミンが欲しくてたまらないからです。ドーパミンは成功物質であると同時に、幸せを感じる幸福物質と似たような働きをすることもわかっています。**だから、成功者は誰よりも働いていても、そのたびに幸せを感じているのです。**

常に新規事業にチャレンジする人が多いのは、ひとつの事業が軌道に乗ってしまうと、達成感を得られなくなってしまうからでしょう。

また、経営者はトライアスロンや筋トレなどのハードなスポーツにハマる人が非常に多かったりします。

これも、仕事以外のことでもドーパミンを分泌させようとする「ドーパミン愛好家」の症状です。セスナやクルーザーの免許を取るのも、金持ちのステータスというよりは、ドーパミンを求めての行動だといえます。

ここで何が言いたいかというと、**一度ドーパミン愛好家になってしまえば、人は**

無意識のうちにそれを求めて努力を重ねられるようになります。成長のS字曲線でいうと、停滞期間に耐えて、ブレイクスルーする瞬間を重ねていけば、あなたは加速度的に働くのが楽しくなってきます。

高速仕事術が目指すのはこの状態です。ドーパミンを求めて、走り出しましょう！

モチベーションを上げるためのコツ①「できたこと」に目を向ける

高速仕事術を続けるには、成長のS字曲線をイメージして、成功物質を味方につけて停滞期間もひたむきに努力することが大切です。

停滞期間にはさまざまな壁が押し寄せてきます。ここを乗り越えればブレイクスルーする。そうとわかっていても、挫《くじ》けそうになってしまう日もあるかと思います。それが不完全さを併《あわ》せ持つ人間というもので、ＡＩやロボットと違うところです。

そんなときに、あなたに思い出していただきたいメンタルセットがあります。

それは、常に「できたこと」に目を向けるクセをつける、ということです。

一般に、やる気があるから、仕事ができるようになる、と考えられています。仕事ができる人を見ると、たしかに誰もがやる気があるように見えます。

しかし、脳科学的には、人は「できるようになるから、やる気になる」、この順番が実は正解なのです。

オランダのアムステルダム大学のバーガーズ博士は次のような研究を実施しました。１５７人に脳トレプログラムに参加してもらったところ、「いい点を見つけて、ポジティブなフィードバックをする場合」と「悪い点を見つけて、ネガティブなフィードバックをする場合」、後者のほうが「やる気」が減少していくことが判明しました。

被験者《ひけんしゃ》である学生の脳波を詳しく調べてみると、やる気を司《つかさど》る大脳基底核《だいのうきていかく》という部位の活動が低くなったといいます。

ポジティブなフィードバックをする場合、タスクが終わりしだい、すぐにフィードバックすると、やる気が1・6倍に高まり、時間をおいてのフィードバックでは微増《びぞう》だったそうです。


つまり、**常に「できたこと」「うまくいったこと」に意識を向けて、即座に「よくやった！　その調子だ」という具合に自分をほめてあげることが、仕事のモチベーションを上げるのに効果を発揮する**というわけです。

その逆で、「できなかったこと」「うまくいかなかったこと」については、落ち込まないでIOKサイクルで「改善」していけばいいわけです。

ネガティブなことに意識を向けると、脳のブレーキが強くなり、思考力や行動力が低下してしまいます。反省しすぎるのは百害《ひゃくがい》あって一利《いちり》なしです。「できなかったこと」「うまくいかなかったこと」は目標を達成するための階段のひとつにすぎません。さっさと改善して次のステージに上ればいいだけです。この科学的なメンタルセットができれば、高いモチベーションを維持できるでしょう。

モチベーションを上げるためのコツ②　多層的リターンを妄想する

成長のＳ字曲線の停滞時期にあるとき、私は「多層的《たそうてき》リターン」を妄想《もうそう》するようにしています。多層的リターンとは、目標を達成することで得られる、さまざまな側面からのメリットやリターンを指します。

たとえば、私がユーチューバーになって得られる直接的なリターンは、広告収入を得られることですが、それだけをリターンに設定しているとモチベーションが持ちません。おそらく、夏場の苦しい収録で休んでいたかもしれません。

「お金を稼ぐ方法なら、この世にいくらでもある。何でユーチューブしなくちゃならないの？」という自問を超えることができなくなってしまうからです。

しかし、ここで多層的リターンを考えてみると、ユーチューブを成功させることで、「会社の宣伝になる」「ユーチューブを使用したPRコンサルティングを提案できる」さらには「困っているクライアントにアドバイス」もできます。

また「社員が営業のネタに使える」「ユーチューブに関する本の執筆ができる」「広告費を削減できる」「会話のネタになる」など、さまざまな複次リターンが考えられます。

私の場合は、もうひとつ、「コロナ禍《か》の中でも新しいことにチャレンジし続ける背中を見せることで、社員を励ます」というのもありました。

実はこのように、**直接的なリターンだけでなく、多層的なリターンを妄想できる**

かが、モチベーションを維持して努力するのに大変重要なのです。

こんな実験があります。アメリカのヴァンダービルド大学の研究チームは、25人の被験者に、利き手《きき》の人さし指で7秒間に30回ペースでボタンを押し続ける（成功したら少額の報酬《ほうしゅう》をもらえる）、というタスクを行ってもらいました。すると、タスクを最後までやり遂《と》げようとする人と、途中で諦めてしまう人には脳の部位の活性度に大きな違いがあることが判明しました。

タスクを途中で諦めてしまう人は、脳の「島皮質《とうひしつ》」という部位が活発だったそうです。島皮質が活発になると損得勘定が働き、「こんなことをやって何の意味があるのか？」と考えて、行動にブレーキがかかってしまうといいます。

つまり、**日頃からコストパフォーマンスや損得勘定ばかりが行動原理になっていると、成果を感じられない自分に嫌気がさしたり、そもそもリターンと努力が見合うかを試算してしまい、行動できなくなってしまうのです。**

逆に多層的リターンを妄想できる人は、たとえボタンを押し続けるようなタスクでも、そこにさまざまな面白みを見つけていきます。

私なら報酬以上に、「こんな体験、二度とないな」「この変な実験をＳＮＳに投稿しよう」「営業の雑談のネタにしよう」「なぜ7秒間に30回なのか。終わったら教授に聞いて脳科学の知見を深めよう」といった具合です。

このように自分なりに多層的なリターンが妄想できると、一見無意味に思える作業でも、モチベーションを切らさずに努力を続けることができます。

あなたも、目標が達成されたとき、どんな多層的なリターンが考えられるか妄想してみてください。それも手帳に書き留めておくといいでしょう。**多層的リターンが増えれば増えるほど、仕事への頑張りも倍増してくるはずです。**

多層的リターンのイメージ

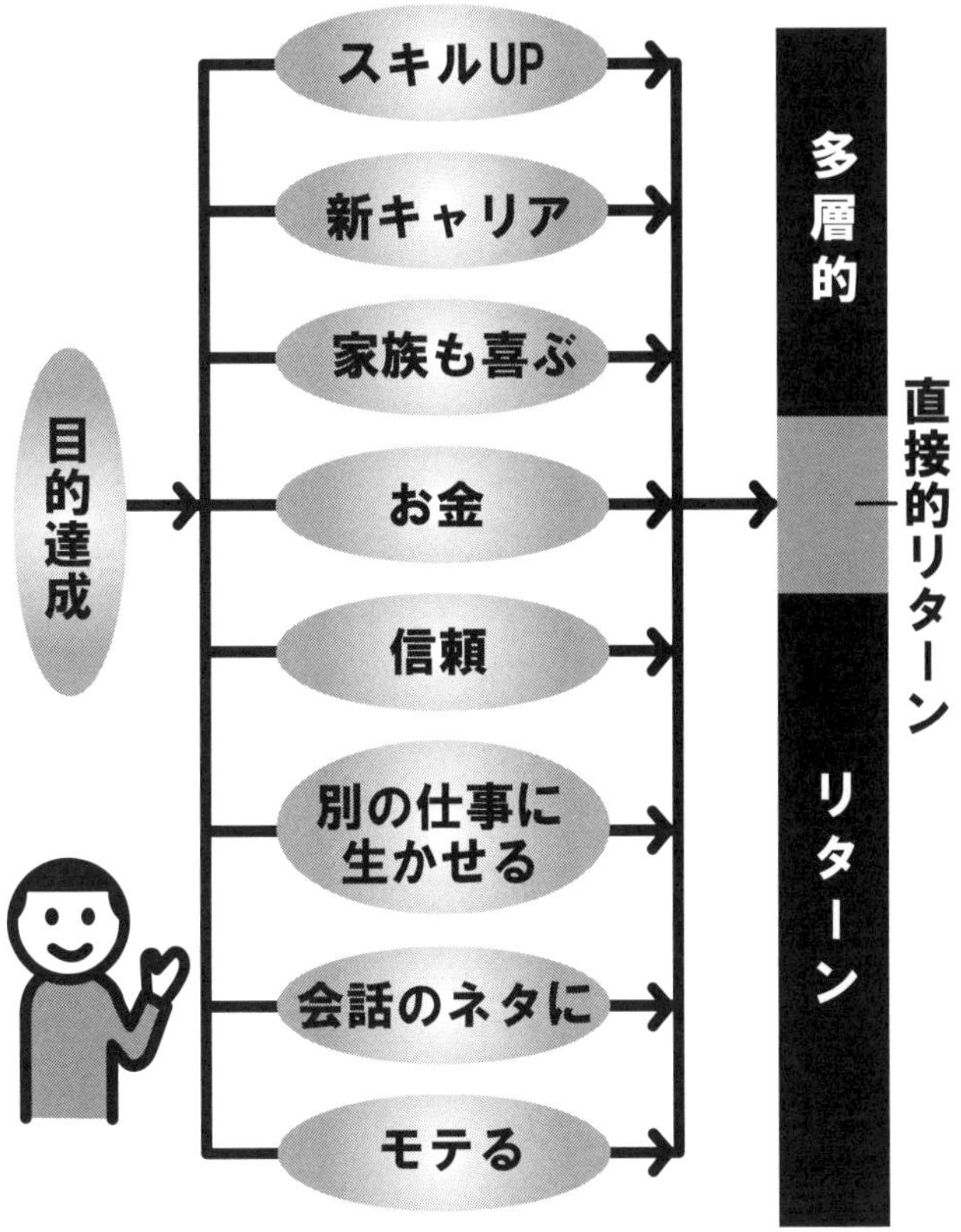

お金以外のリターンを妄想できるとモチベーションが上がる

\ High speed /

ビジネスエリートを目指す人が覚えておくべきこと

一般人は「成長」で満足し、一流は「結果」を求め続ける

ここで、億単位の資産を築いているミリオネアと一般人、どこが決定的に違うのか、2点お伝えしたいと思います。

世間を騒がすようなミリオネアを見ると、知能指数が高い、経営センスがある、DNAが違う、育った家庭や環境が違うなど、自分とは異人種で、努力によってそ

の領域に到達するのは不可能だと考える人が多いようです。

しかし、私はそうは思いません。

なぜなら、**一流と呼ばれるビジネスパーソンやミリオネアは、生まれ持っての才能や恵まれた環境によって成功したのではなく、彼ら彼女らは一般人よりもはるかに努力を重ねて成功しているから**です。

資産が億を超えているような人を見ると、ついつい私たちは、その人がはじめから大金持ちだったような錯覚を抱《いだ》いてしまいます。しかし、その地位に上りつめるまで、数十年にわたって努力を重ね、「結果」を積み上げてきたからこそ、彼らは一流と呼ばれる人間になったことを忘れてはなりません。

彼らだって、時には地獄のような苦しみを味わったこともあるでしょう。ゼロから事業を始めて、人に騙《だま》されたり、社員に裏切られたり、何度も事業を失敗したこともあるでしょう。しかし、そのたびに努力を重ねて成長し、ステージアップをしてきたからこそ、今の地位を築けたのです。

ここに才能が入る余地はありません。才能という言葉を使う前に、「そのミリオネアと同じような努力をしてきたかどうか」を自分に問いかけてみるべきでしょう。

何か新しいことにチャレンジするとき、人は必ず不安になります。しかしその不安は、成長体験を重ねていくことでしだいに薄れていきます。成長のS字曲線を活《い》かしてブレイクスルーすれば、喜びに溢《あふ》れ、不安は吹き飛んでしまうはずです。

しかし、ここで注意が必要なのです。

あなたが努力を重ねた理由は、「成長」するのが目的ではないはずです。

手帳に記した目的を達成するという「結果」を手に入れることが、あなたが努力する理由なのではないでしょうか。

高速仕事術が軌道《きどう》に乗ってくると、自分の成長を実感でき、不安は喜びに変わっていきます。しかし、その成長で満足してしまうと、当初の目的だった夢や希望を達成していないのに、安心感からアウトプットをやめてしまったり、目的のハードルを下げてしまったり、「自分はこのくらいでいいか」と途中でやめてしまったりする人が非常に増えてきます。

ここがミリオネアと一般人との違いです。

ミリオネアになるほどの一流ビジネスパーソンは、常に「結果」を求め続けます。あくまでゴールに到達することが自分の目的だからです。成長したプロセスだけに満足せず、結果を求め続けたからこそ、彼らは今の地位に到達できたといえます。

手帳にゴールを書き記し、それを何度も見直すことの意味はここにあります。小さな成功体験や成長に満足せず、究極の目的に向かって努力をし続けること。これこそ、ミリオネアと一般人を分けるボーダーラインです。**いかなるときも、努力を継続するだけです。そのボーダーラインを飛び越える資格は、誰もが有しています。**

ビジネスにおいて「運」など存在しない

成功している経営者はよく「自分は運が良かった」という言い方をします。

しかし、「運」という概念《がいねん》は、成功している人が言っている結果論であり、それを真《ま》に受けて「自分は運が悪い」と思い込むほどナンセンスなことはありません。

なぜなら、**ビジネスにおいて「運」なんてものは存在しないからです。運だと思**

い込んでいるものは、実は確率論の話をしているにすぎないのです。

仮に、サイコロを振って、１の目が出たら10万円もらえる仕事があるとしましょう。このとき、１の目が出た人は運がいい、それ以外の目が出たら運が悪いと考えてしまうのが人間というものです。

しかし、これを冷静に分析してみると、**サイコロを１回振って１の目を出せる確率は誰もが６分の１であり、それ以上でもそれ以下でもない現象が起きているにすぎません。**

たとえば、24時間の間に何回でもサイコロを振っていい状況で、１の目が出たらその都度《つど》10万円をもらえる仕事ではどうでしょうか。

あなたは、サイコロを１万８０００回振って、１の目を３０００回出すことができたとしましょう。すると、３億円を稼ぐことができます。

しかし隣の人は、あなたより高速でサイコロを振ることができ、3万回振ることができたとしましょう。すると1の目は5000回出ることになり、結果5億円稼ぐことになります。

このときあなたは、自分が隣の人より「運が悪い」から、稼ぐことができなかったと考えるでしょうか。

いやそうではないはずです。「もっと速くサイコロを振ることができれば」と、自分の精神力の弱さや手の筋力の弱さなど、運ではない部分で、自分に原因があると考えるのではないでしょうか。

極端な例を出しましたが、現実のビジネスでも同様です。結局のところ、**成功している人は、成功するまでにたくさんのサイコロを振っているから、一般人よりも富や地位を手にすることができているのです。**

この本では、アウトプットの重要性を何度もお伝えしてきましたが、アウトプットこそ「サイコロを振る」行為にほかなりません。そして、スピード感を持ってアウトプットすべき理由ももうおわかりでしょう。通常の人より10倍アウトプットすれば、それだけサイコロが当たる可能性が10倍に増えます。

だから、**高速で仕事をこなしていくことが成功の秘訣なのです。**

人生において、サイコロを振れる回数は誰でも増やすことができます。ビジネスには「運」などなく、サイコロを振った分だけ成功する確率が上がる。ぜひ、このイメージを脳に焼き付けておきましょう。

\ High speed /

高速仕事術を習慣化するためのちょっとしたコツ

脳の「ゴールデンタイム」で仕事の仕分けをせよ！

一般に、起床後の2、3時間が、一日の中で最も脳のパフォーマンスが高いといわれています。睡眠によって脳の疲れがとれ、クリアな状態になっているからです。そのため、午前中は「脳のゴールデンタイム」と呼ばれています。

また、ドーパミンの分泌量は午後よりも午前のほうが多いといわれています。

このことから、**午前中には最低1回、前述した90分の集中タイムを設けることをオススメします**。難解な作業や、思考力や創造力が必要なクリエイティブな仕事に、フォーカスして向き合うようにしましょう。

ここ最近は「朝活」がブームとなり、出社前の時間帯を学習やインプットの時間にあてている人も多いかと思います。

でも私は、せっかくのゴールデンタイムをインプット時間にあてるのはもったいないと考えています。**朝こそ、最も高いパフォーマンスを発揮できる時間帯です。ですので、仕事を推し進めるためのアウトプットの時間にあてるべきです。**

朝こそ勉強や手帳の管理ではなく、アウトプットに集中しよう。そうしたメソッドは実際にはなかなかありません。

もし毎日インプットの時間を設けるならば、夕方のスキマ時間や就寝前の時間に行うことをオススメします。

脳は睡眠中に、インプットされた情報を「短期記憶」とするか「長期記憶」とするか取捨選択をしています。

せっかくインプットしたのに、翌朝には忘れてしまう、という人は、情報が「短期記憶」として処理されているからです。

インプット内容を「長期記憶」するためには、記憶するときに「新発見」があるほうが、より記憶が鮮明になるといわれています。

第1章でお伝えしましたが、**高速仕事術におけるインプットは、課題や問題を解決し、アウトプットを推進するためのものです。つまり、新しい発見をするためのインプットなのです。**

それゆえ、「ＩＯＫ高速サイクル」を回す中でのインプットならば、得られる情報は常に「新発見」となり、脳内に「長期記憶」として保存されていきます。

なぜ睡眠前にインプットしたほうがいいかというと、「暗記などのインプットに関しては就寝前が脳のゴールデンタイム」だからです。新鮮な情報から優先して「長期記憶」として保存されていくため、寝る前にインプットしたことは忘れにくくなります。

いかがでしょうか。**朝と夜における脳の特性を理解すれば、高速仕事術をよりスムーズに進めていくことができます。**

脳の中のシナプスの存在をイメージする

高速仕事術を習慣化するには、とにかくドーパミンの分泌量を増やさなければなりません。これまで、アウトプットして失敗や成功体験を積み上げていくことによって、ドーパミンが増えるとお伝えしてきました。

これが大前提ですが、そのプロセスの中で、習慣にするとさらにドーパミンを増やすことができる方法があります。

ひとつ目は、**自分の脳の中のニューロン（神経細胞）やシナプス（ニューロンとニューロンのつなぎ目）の存在を意識する**ことです。

味覚を意識すると、味覚が普段より冴《さ》え渡るといわれています。

また、筋トレをする際、鍛える筋肉に話しかける人がいますが、これも同様です。

存在を意識することによって、脳から電気信号が送られて、そこでの感覚化や物質化が後押しされ、大きな筋肉に成長していくわけです。

同じように、**ニューロンやシナプスの存在を意識すると、情報伝達の機能が活性化していきます**。

逆に、ニューロンやシナプスの存在を無視していると、その機能が劣化《れっか》してしまうのです。

高速仕事術をする際は、ニューロンからニューロンへと、シナプスを介してどんどんドーパミンが分泌されているイメージを持ちましょう。すると、存在を認められたニューロンやシナプスは覚醒して、さらに情報伝達のスピードを速めてくれるのです。

2つ目は、**「人に親切にする」こと**です。

なんだそれは？　と思うかもしれませんが、**ドーパミンの量をさらに増やしていくには利己的な人間だと実現しません**。

たとえば、電車で席を譲ったり、道案内をしたり、仕事に困っている同僚を助けて感謝されたりすると、気持ちが前向きになりませんか？　実はこの感情は、脳の報酬系（脳の快感に関わる部位）が活性化してドーパミンの分泌量が増えているからなのです。

アメリカのセントラルフロリダ大学のソーン博士らは、困っている人の感情に共感し、その人を助けることで脳の報酬系が活性化することを明らかにしています。

このことは、私たち人間は「人に親切にする」ことで快感を覚えるようあらかじめプログラムされていることを意味します。

目標を定め、物事にフォーカスして働いていると、ついつい周りが見えなくなってしまいがちです。

そんなときは、意識的に「人に親切にする」ようにしましょう。結果としてそのほうが、あなたの脳は活性化することになります。

あなたの不安が仕事を遅らせている

本書ではフォーカス力を高める手法として、すでに「シングルタスクメモ」を紹介しました。**ＴｏＤｏリストを作ることは、未来への不安を呼び起こし、フォーカスした仕事への集中度を阻害《そがい》してしまう**からです。

そうは言っても、忙しいビジネスパーソンは日々さまざまな雑務に追われて、ひとつの仕事にフォーカスするのは難しいと考える人もいるかもしれません。

しかし、前述したように、さまざまなタスクを抱えていたとしても、結局、目の前の仕事を最速で終わらせること以外に仕事のスピードを速める方法はないのです。

では、何があなたの仕事を遅らせているのか。

それは雑務ではなく不安や雑念です。

実際のタスク量以上に見積もってしまい、集中を阻害する不安こそ、あなたのフォーカス力を弱めてしまう原因なのです。

「提出しなければならない書類がある」「経費精算は今日までだった」「クライアントにアポを取らなきゃ」といった不安を抱えたままでは、脳のワーキングメモリをムダに消費して、パフォーマンスを下げる原因になってしまいます。


では、どうすればいいのか？

とっておきのシンプルな方法を紹介します。

不安を紙に書き出せばいいのです。


なんだそれは？　つまりＴｏＤｏリストじゃないかと思う人もいるでしょう。でもそれは違います。

ＴｏＤｏリストではなく、「不安リスト」として、「シングルタスクメモ」とは別の紙に書き出します。

あなたが今日集中すべきなのは、「シングルタスクメモ」に記載した事柄であり、「不安リスト」は集中タイム以外で考える事柄だと捉えます。

旧ソ連の心理学者ツァイガルニクは、「未完了課題についての記憶は、完了課題の記憶に比べて想起されやすい」ということを心理実験で明らかにしました。これを「ツァイガルニク効果」と呼びます。

不安のままにしておくと、それは現在進行形の「未完了課題」です。しかし、**やり残しの雑務も含めて不安リストとして紙に書き出してしまえば、それは近い未来に行うことが決まった「完了課題」に変わります。**

すると、脳はストレスから解放されて、不安も薄らいでいくことがわかっています。

このとき、**不安リストを書いたら、見えないところにしまって忘れてしまいましょう。**

あくまで優先すべきは「シングルタスクメモ」の仕事であり、それが終わったタイミングで「不安リスト」に移行すればいいのです。

このルールを設けて仕事をすれば、オフィスワークでも高い集中力を発揮して、高速仕事術を継続できるはずです。

\ High speed /

第４章

３カ月でキャリアに！
壁を打ち破るための
「超集中
フォーカスノート術」

High speed

「超集中フォーカスノート」で目の前の壁を破壊しろ！

私の「超集中フォーカスノート」を初公開

高速仕事術を続けていると必ず、成果が感じられない「停滞期間」に突入します。前章でお伝えした「成長のS字曲線」における、ブレイクスルーをする前の期間です。

難易度《なんいど》の高い仕事や、新しい仕事に打ち込んでいるとき、この停滞期間は、このまま今のやり方を続けていいのだろうかと不安になることがよくあります。

長年、高速仕事術を続けてきた私も、すでにお話ししたように昨年ユーチューブにチャレンジした際は、開始してから約2カ月の停滞期間は、心が折れそうになりました。

動画をアップし続けるのに一向《いっこう》に再生数もチャンネル登録者数も増えず、これだけ時間や労力を使っているのに成果を上げられないなんて、自分にはユーチューブが向いていないのかと、いったん中止することも検討しました。

しかし、これまで培《つちか》ってきた「3カ月後にはブレイクスルーする」という法則を信じ、動画をアウトプットしては改善のためのインプットを繰り返し、ついに開始3カ月で登録者4万人という目標を達成することができたのです。

そんな**停滞期間に役立つのが「超集中フォーカスノート」です。**繰り返しますが、あらゆる仕事はアウトプットとインプットと改善の繰り返しで前に進んでいきます。「ＩＯＫ高速サイクル」に集中するために生み出したのが、ここで紹介する「超集中フォーカスノート」です。

【超集中フォーカスノートの書き方】

①目標を書く

（３日間で達成できるかどうかを目安にした目標を立てます。締め切り日も記載します）

②アウトプットすべきことを付箋《ふせん》に書く

（目標を達成するために必要なアウトプットプランを付箋に書いて貼ります）

③インプット・改善した内容を書く

（どんなインプットをして改善をしたか箇条書きで書きます）

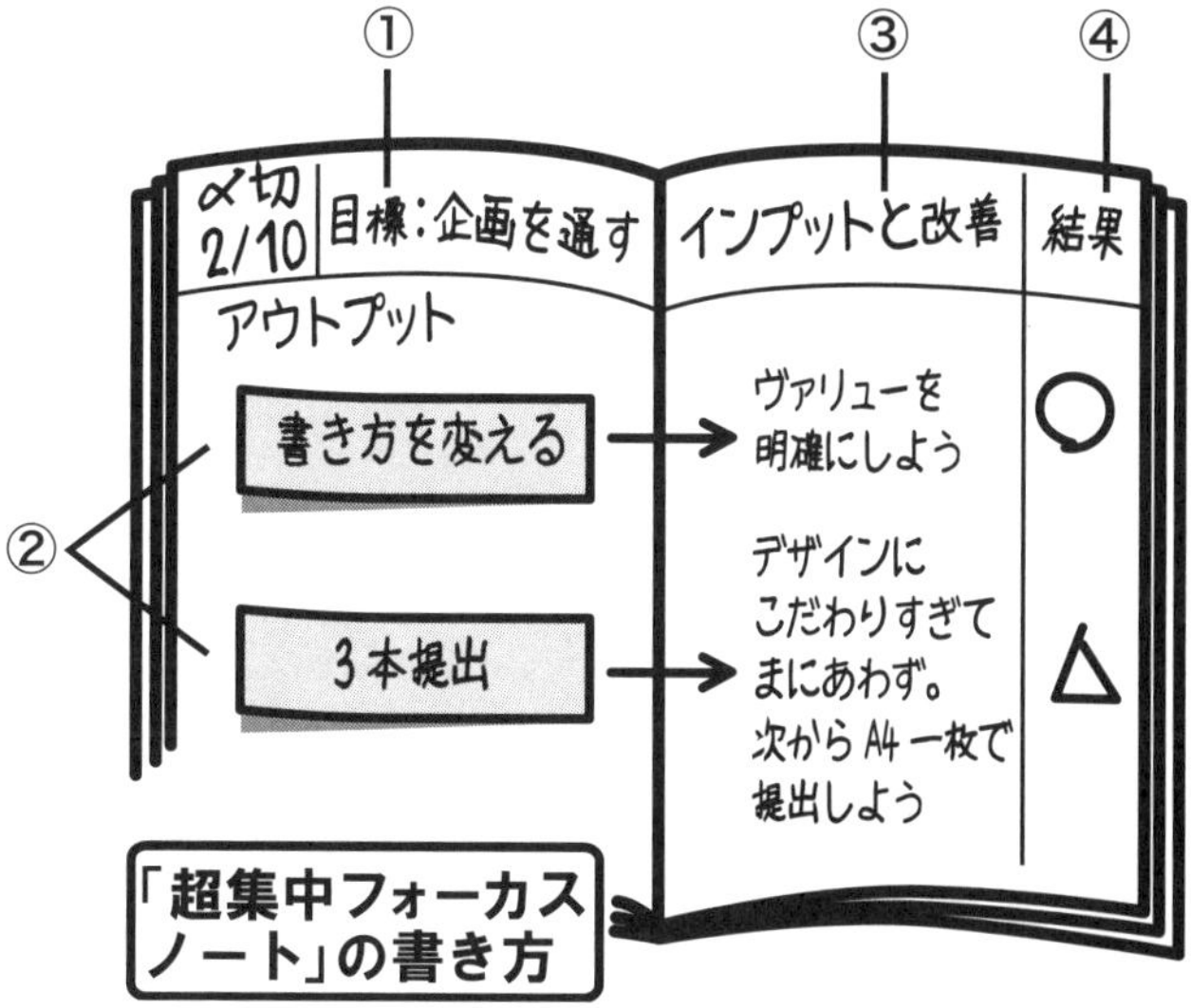

④結果を書く

（3日後、該当するアウトプットが完了した場合は「○」、継続中の場合は「△」を記します）

「超集中フォーカスノート」は、日常のタスクやスケジュールを管理する手帳とは別のノートを用意してください。雑務やデイリータスクは手帳や別の紙で管理するようにしましょう。

「超集中フォーカスノート」は、あくまでひとつの目標を達成するためのツールだと認識してください。

ノートは見開きで使用します。

左ページの冒頭には、あなたが1週間で達成したい目標を記します。たとえば、「1週間でチャンネル登録者数を1000人増やす」といった具合です。

そして、左ページの空きスペースには、その目標を達成するために必要なアウトプットを思いつく限り付箋に書いて貼ります。

たとえば、「人気ユーチューバーにノウハウを尋ねる」「参考書籍で調べる」「毎日動画を上げる」「テロップの入れ方を変える」といった具合です。実際に3日間でできるかは別として、思いつく限りのことを書き出しましょう。

なぜ付箋に書くのかというと、3日後、まだそのアウトプットが完了していない場合は、次の3日に持ち越すからです。次の見開きに付箋を移動させれば、何が未完了のアウトプットなのか、すぐに認識することができます（慣れてきたら直接ノートにペンで書き込んでも大丈夫です）。

右ページはエリアを2つに分割します。

右ページの左側には、付箋に書いたアウトプットを実践するために、どんなインプットをし、どんな改善をしたのかを端的《たんてき》に記します。

たとえば、「テロップの入れ方」に関した何かしらのインプットをしたら、「ド派手な文字のほうが視聴数が伸びると判明。次の動画から実践」といった具合です。

右ページの右側には、改善の結果、そのアウトプットが成功したら「○」、まだ改善の余地がある場合は「△」を記します。**「×」は記しません**。「△」となったアウトプットは、次ページに持ち越し、同じ3日間を繰り返していき、

超集中フォーカスノート術

現状の「見える化」で
絶対に目標を達成する虎の巻

超集中フォーカスノートは、目標に向けた「小さなゴール」をクリアし、「究極のゴール」にたどり着くのをサポートします。現状を把握すれば、自分が次にとるべき行動がわかり、ムダなアウトプットを排し、ゴールに向かって最短距離でたどり着くことができます。

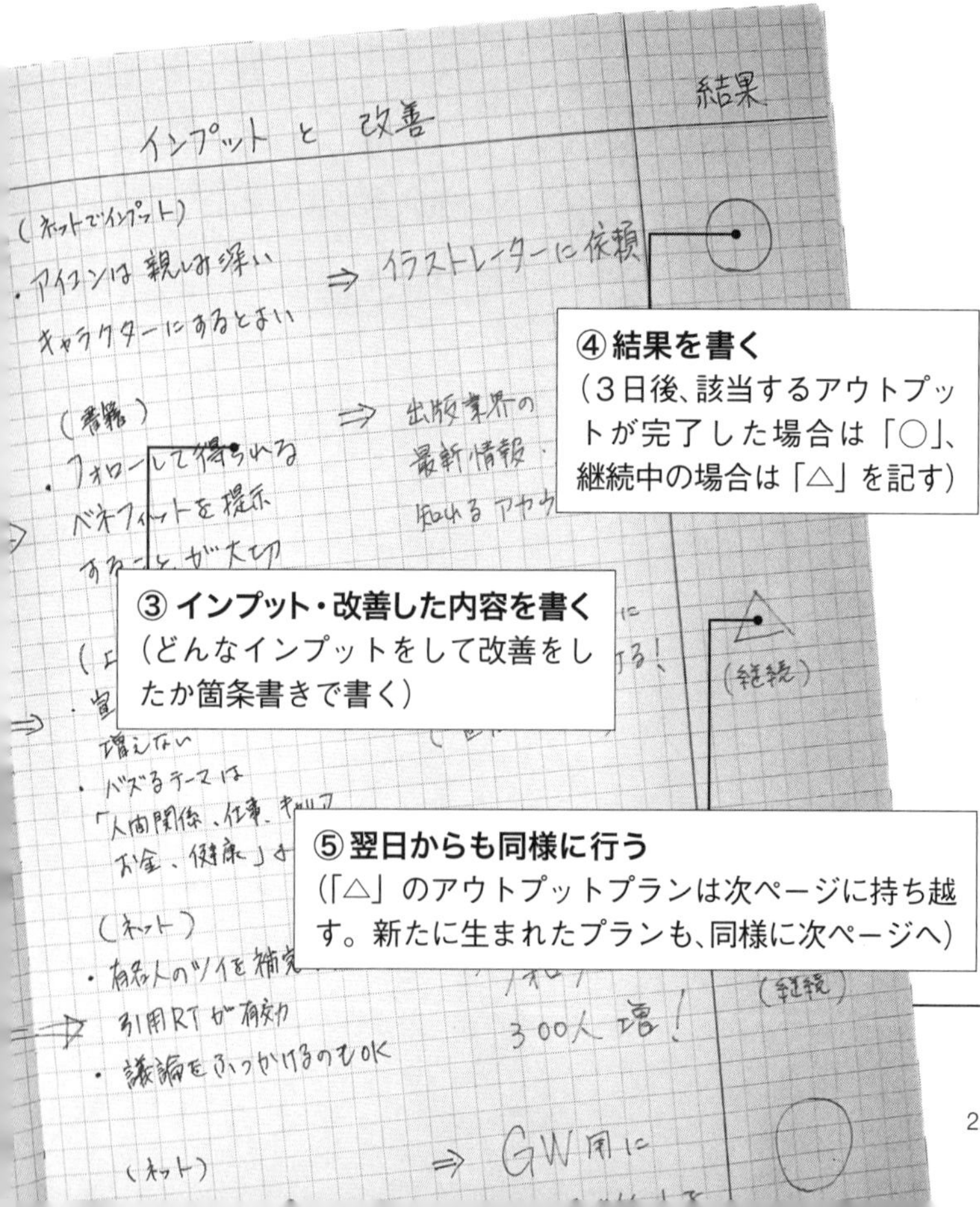
インプット と 改善
結果
④ 結果を書く
（3日後、該当するアウトプットが完了した場合は「○」、継続中の場合は「△」を記す）
③ インプット・改善した内容を書く
（どんなインプットをして改善をしたか箇条書きで書く）
⑤ 翌日からも同様に行う
（「△」のアウトプットプランは次ページに持ち越す。新たに生まれたプランも、同様に次ページへ）

高速ポイント!

脳科学の「セルフ・コントロール力」を活用！

- 「記録する」という行為によって、その仕事へのフォーカス度が高まり、どうでもいい雑務でワーキングメモリを浪費しないで済む。
- アウトプットすべきこと、インプット・改善したことが一目瞭然でわかり、今後やるべきことを誤らない。だから仕事が高速になる。
- 成功体験が「見える化」することで、ドーパミンの分泌が増え、目標達成への欲求が高まり、達成するまで継続して努力することができる。

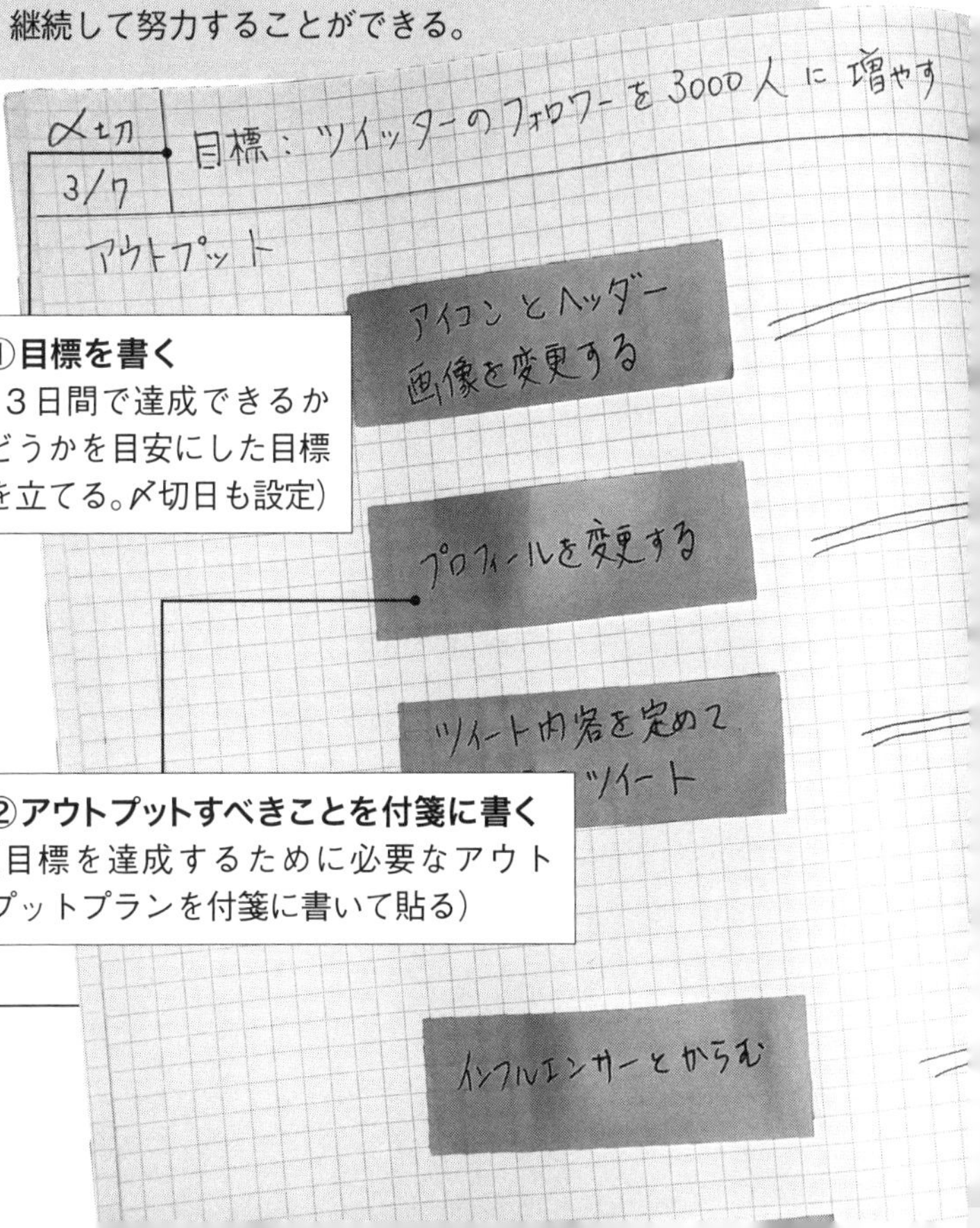

①目標を書く
（３日間で達成できるかどうかを目安にした目標を立てる。〆切日も設定）

②アウトプットすべきことを付箋に書く
（目標を達成するために必要なアウトプットプランを付箋に書いて貼る）

「○」になるまで続けます。

改善のための「改善」を書き加えていくことも有効です。あまり知られていないメソッドですが、改善の方法こそ見直しましょう。常に追加の改善を書き加えることを続けていくと、仕事の生産性やスピードは驚くほど高くなります。

人の成功や成果は改善の数で決まる。冒頭でもそう紹介したと思います。

この絶対ルールを応用して、改善の上にさらなる新しい改善を書き加えていき、最終的には「あなただけの最強の改善方法」を見出していくわけです。アニメのヒーローが最強の敵を前に、師匠から伝授された必殺技を磨いて、最強の必殺奥義《おうぎ》に進化させるのと同じイメージです。

3日後、目標が未達成の場合は次の見開きにも同じ目標を立て、達成した場合はさらなる高い目標を設定していきましょう。

以上が「超集中フォーカスノート」の書き方です。

「超集中フォーカスノート」の目的とは？

このノートは、ひとつの仕事にフォーカスするための補助輪的な役割を担います。自分がやるべきことに集中でき、「ＩＯＫ高速サイクル」を高速で回していくための強力なツールとなることでしょう。

ただ、**気が向かないときには無理に書く必要はありません。どうも最近、成果が上げられていないな、というときの切り札として使ってみてください。**

「超集中フォーカスノート」を作れば、毎週、短期的な目標、すなわち小さなゴールを設定することになります。先に、手帳の一番初めに「仕事の目的」を書き、「仮想ライバルの写真」を貼るようオススメしましたが、「超集中フォーカスノート」の最初のページに同じことをしても構いません。毎日、目を通すことが大切です。

最初のページに記す仕事の目的が「ラスボス」だとすれば、3日ごとに立てる目標は「中ボス」です。改善すべきタスクは「レベルアップのためのスライムやゾンビ」でしょうか。

中ボスを倒してレベルアップしていき、最終的にラスボスと闘うスキルを身につける、そんなイメージを持つといいでしょう。

「超集中フォーカスノート」は、あなたの成長の記録や、不足している能力や解決すべき課題が記された、高速仕事術のいわば「改善の書」だといえます。

また、この一連の「記録する」という行為は物事にフォーカスして成長をうながすのに大変役立ちます。

「レコーディングダイエット（測るだけダイエット）」というダイエット法をご存じでしょうか。これは、食べたものの総カロリーや、毎日の体重を記録するだけのダイエット法です。

アメリカのドレクセル大学のローゼンバウム博士らは、294人の女子学生に協力してもらい、毎日体重を測定して記録するグループと、それをしないグループに分け、2年後に彼女たちの体重の変化を確認する実験をしました。

すると、毎日体重を測定して記録していた人たちは、していない人たちに比べて、BMI（肥満度を表す指数）が2・23倍も減り、体脂肪率は2・25倍も減少したとのことです。

なぜ、このような結果が得られるかというと、**脳は、自分がしたことに対して「すぐに結果がわかる」ということを繰り返していくと、そのことにフォーカスするようにできている**からです。

たとえダイエット目的ではなかったとしても、毎日の体重の増減を記録していると、体重が減ったときは「よくやった」、体重が増えたときは「やばい」といったように、脳の潜在意識に刷《す》り込まれていきます。

すると、無意識的に、体重が増えないような食生活や生活スタイルをするようになってくるのです。

加えて、**記録をすることで、自然と改善のためのアウトプットも日常の生活から探すようになるでしょう。**

第1章で紹介したカラーバス効果を覚えていますか。人は潜在意識にフラグが立つと、無意識の中でも自然とその対象を探してしまいます。ダイエットであれば、気になるダイエット法を紹介するテレビや本をつい見てしまう、アプリのニュースでたまたま見つけたダイエットレシピを試してみる、ということが自然にできるようになります。

さらには、書き出すことで改善や工夫をするモチベーションにもつながります。

繰り返しになりますが、**改善は続けることに意味があります**。また、同じ改善方法でも、ケースや問題によっては通用しない場合もあります。

そうしたときには、改善方法にアレンジを加えたり、違うレシピを加えて別の改善方法を考案しなくてはなりません。

大変なようですが、とても大切な行動です。この一連の改善のためのアウトプットが、あなたを短期間で、かつ確実に成長させてくれるからです。

また、「超集中フォーカスノート」の結果の欄に、「○」印が増えていくと、「自分はこれだけ頑張ってきた」と成長の度合いを確認することができます。成功体験が「見える化」することで、ドーパミンの分泌《ぶんぴつ》が増え、さらに快感を求めて、その仕事にフォーカスできるようになっていきます。

一方、「△」印が増えていくと、「○」に変えたいという欲求が芽生《めば》えるため、これまたアウトプットの成功率を高めるような努力をすることができるようになってきます。

改善も書き加えることで、あなたにベストマッチした独自の方法を見つけることができます。なにより、改善の数とスピードが向上します。

まさに魔法のような超集中フォーカスノート。ぜひ一度試してみることをオススメします。

\ High speed /

「超集中フォーカスノート」を仕事の武器にするためのポイント

「超集中フォーカスノート」のポイント①「3日後の目標」を明確にする

「超集中フォーカスノート」を書くには、まず「3日後の目標」を明確に設定しなければなりません。

目標を設定するには、まず、何においても、なぜその仕事をするのか「究極の目的」を決めておく必要があります。**手帳に書くにしろ、ノートに書くにしろ、必ず**

仕事における「あなたの理想や目的」を決めてください。

そして「仮想ライバル」を設定してください。「理想や目的」は、夢だと笑われてしまうような大きなゴールイメージでも構いません。

そこから逆算して、3年後にはどうなっているか、3カ月後にはどうなっているか、と目標を決めていきます。そこまでできて、初めてあなたは小さなゴールとなる「3日後の目標」を立てることが可能になります。

目標が決められないと思う人は、ぜひ面倒でも「仮想ライバル」➡「理想や目的」を設定することから始めましょう。それが決まれば、あなたが3日間でやらなくてはならないことは自《おの》ずと見えてくるでしょう。

「超集中フォーカスノート」のポイント②アウトプットを基準にしろ

「超集中フォーカスノート」は、毎日の仕事の中でどんどん更新していってください。このアウトプットが必要だ、と気づいたら、即座に付箋に記して、追加していきましょう。雑談や会議などで、アウトプットに役立ちそうな情報を得たら、忘れる前にインプット欄に書き加えていきます。

ここで大切なのは、「アウトプットに役立つ情報」だけを記載することです。残念ながら人はどんどん忘れていく生き物です。どんな生物でも脳が活動するためには、熱量を必要とします。いかに燃費をよくして脳や心臓を働かせるか。人類の歴史はそのトライ&エラーの繰り返しといっても過言ではありません。

そのためには、脳のメモリ機能の浪費を抑制して、スペックが一定に保てるように、必要ない記憶や情報はどんどん忘れてしまったほうがいいのです。

真夜中にも冷却ファンのモーター音を鳴らして、延々《えんえん》と熱を吐き出し続けるスーパーコンピュータと同じです。見た目には美しいコンピュータでも、情報処理のスペックが高くなればなるほど、その裏ではたえず騒音と熱量の排出に悩まされています。

実際、人が物理的に記憶したことを忘れないようにするのは可能です。しかし、**すべての記憶を忘れることができなければ、脳のエネルギー効率は驚くほど悪くなり、ほかの臓器の正常な働きを阻害《そがい》してしまいます。**これが、脳科学的に見た、記憶と脳の関係です。

つまり、あなたがフォーカスする仕事に関係のないことは、ノートにとる必要はありません。ノートに書く内容も、どんどんフォーカスしていきましょう。

今、世間には、ノートに書くことそのものが目的化してしまっている人が非常に増えていると感じます。あらゆる情報から学びを得ようという姿勢には敬意を表しますが、結果としてその情報が何の役にも立っていない、という人がほとんどではないでしょうか。

そういう人は、メモを取ることにフォーカスするあまり情報の洪水《こうずい》に飲まれて、本当に重要な情報が何なのか自分ではわからず、何のアウトプットにもつながっていないように思います。

繰り返しますが、**使えない「インプット」はただのゴミです。インプットには賞味期限もあります。使わないインプットは腐《くさ》るのです。**

テレビ番組で人気のクイズ王になりたいなら話は別ですが、あなたの目的はそうではないはずです。**メモを取る際も、アウトプットにつながるものだけを取捨選択**しましょう。

「超集中フォーカスノート」のポイント③ 私の運用法を紹介

実り多いインプットができたら、すぐにそれをアウトプットにつなげるようにします。仕事の質や環境にもよりますが、**月曜日にアウトプットしたことは、火曜日には改善して次のアウトプットにつなげていきたいところです。**

具体的な使い方をイメージしていただくために、私の例を紹介しましょう。

私は出社すると、まず手帳の最初の余白ページ（この部分にはたいてい手帳のブランドロゴなどが記載されています）や、「超集中フォーカスノート」の最初のページに記載している「究極の目的」にさらっと目を通します。なぜ、自分が高速仕事術をするのか、毎日脳に教え込むのです。

その後、「超集中フォーカスノート」のページに記されたアウトプットの候補の中から優先順位の高いものを選びます。そこからタスクを細分化する必要があれば、先に紹介した「シングルタスクメモ」のノウハウを生かして、その日やるべき内容を決定させます。

あとは「高速タイムアタック時間術」を「90分×3セット」するために、「5秒ルール」で一気にアウトプットを開始します。その間、新たにインプットした情報はノートに記載していきます。

そして、移動中などのスキマ時間にノートを見直し、自分がすべきことに改善の余地がないかを検討します。改善すべきことがあれば、新しいアウトプットの付箋を追加し、やるべきことを整理していきます。

3日経ったら、結果の欄に「○」印か「△」印を書いて、次の3日間にすべきことを整理していきます。このとき「○」が多いと、「この3日間、頑張ったなあ」

と私でも嬉《うれ》しくなります。「△」が多いと、「次は頑張るぞ」と身が引き締まります。

私の運用法はこんなところです。

あなたもまず同じように使ってみて、「自分はこうしたほうが使いやすい」と思ったら、どんどん改善していってください。改善の数だけ成長があります。付箋を使うのがストレスになる人は、書き込むスタイルでも構いません。人によって顔やクセが異なるように、万人に共通して役立つ仕事術は存在しません。だから、自分に合ったやり方に「改善」するのが正しいです。

ただ、高速仕事術は脳科学や行動心理学に裏打ちされたノウハウなので、大多数の人はこのやり方で成果を上げられるのは間違いありません。上手に利用してください。

＼High speed／

逆算思考を身につけて、常に現在地を把握しておこう

定期的に年間カレンダーをチェックする

さて、「超集中フォーカスノート」についてはここまで。
この章の最後に、ひとつの仕事にフォーカスする際に、覚えておいてほしいことをお伝えします。

高速仕事術で仕事をしていると、目の前の仕事に全集中するため、今、自分が何

のために頑張っていて、どのあたりを走っているのかわからなくなってしまうことがあります。

それを回《かい》避《ひ》するためにも、「究極の目的」「仮想ライバル」を設定することが重要になってきます。

加えてもうひとつ、カレンダーの見方も、ひと工夫してみましょう。

デジタルでスケジュール管理をしている人もいるかもしれませんが、**高価なものでなくていいので、ぜひ手書きの手帳は用意してください。**

ほとんどの手帳には、12カ月がブロックごとに一緒に載《の》っている年間カレンダーがついています。定期的にこの年間カレンダーをチェックするようにしてほしいのです。

まず、年間カレンダーを見ると、一年ってこんなに短いのか、と再確認できるはずです。

赤字で記された土日を除くと、稼働《かどう》できる日数（営業日）は限られてきます。**仕事において、営業日で日数をカウントするというクセをつけるのはとても大切です。**弊社《へいしゃ》の中堅社員でもよくあるのですが、土日も計算に入れて日数を多く見積もってしまい、あとで私に指摘されるということが（本当に）よくあります。

特にプロジェクトリーダーとしてチームを動かす場合、締め切り前となって、いくら自分だけが土日返上で頑張ったところで、上司やクライアント、イベント会場や印刷所などが休みの場合は、結局休み明けを待たなければならないことが大半です。

部下想いの上司なら、叱《しか》りながらも休日返上であなたと一緒に付き合ってくれるでしょうが、そうした負担はお互いのためにできるだけ減らしたいところです。

仕事ができる人というのは、このように土日や休日を除いて締め切りまでの日数をあらかじめ逆算しているものなのです。

人生の時間は思っているよりも少ないことに気づければ、高速仕事術を継続するモチベーションにもなるはずです。

年間カレンダーには、何月までに何を達成するのか、どんどん書き込んでいきましょう。

すると、一年で自分がどれほど成長するのかイメージできますし、逆算の思考から、現在している仕事をいつまでに終わらせるべきなのか、自分でブロックごとに俯瞰《ふかん》しながら締め切り設定もしやすくなります。

組織に所属している人は、会社の年間スケジュールに合わせて働く人も多いかもしれませんが、**一歩も二歩も突き抜けて成長したいならば、あなた自身の年間スケジュールも作っておくべきです**。

ざっくりで構いません。わざわざ書面にするのは時間のムダなので、手帳の年間カレンダーに書き込んでいきましょう。

このとき、私は普段から持ち歩いている４色フリクションボールペンを使います。

仕事は黒、自分の成長は赤、ビジネス書の執筆や大学での講演予定などの締め切りが決まっている案件は青、旅行や記念日などのプライベートの年間予定は緑と使い分けています。フリクションボールペンは間違ったり予定がなくなったら消せるので便利です。

このように、**シングルタスクにフォーカスしていても、あなたは迷子にならず、**

目標に向かって突き進むことができ、安心して働くことができます。

ぜひ、週に1回でも、年間スケジュールを見直すようにしましょう（私は毎日、年間スケジュールに目を通しています）。

そうすれば、仕事に翻弄《ほんろう》されるのではなく、自らが仕事をコントロールしている感覚を得られるはずです。働くことが、楽しく、ラクになっていきます。

\ High speed /

第5章

3年でミリオネアに！
ライバルに
差をつけるための
対人力

\ High speed /

「ギブする人は稼げる」真相は脳が知っている

高速仕事術を「本当に実践する」覚悟を持て

高速仕事術を自分のものにすれば、あなたはスキルアップし、キャリアアップし、一流のビジネスパーソンになっていけるでしょう。

率直なところ、**高速仕事術を「本当に実践」していただければ、今の職場で頭角をあらわしたり、輝かしいキャリアや実績を積むのはもちろん、年収1000万円を超えるのも、億を超えるお金持ちになることもさほど難しくありません。**

なぜなら、ほとんどの人は「本気で実践しない」からです。

以前、私は、ある企業の依頼で行ったセミナーで、手帳に「究極の目的」を書き記すことの大切さをお伝えしました。その企業は毎月別の講師を呼んでセミナーを開催しているのですが、数カ月後、予定だった講師が来られなくなり、急遽《きゅうきょ》、私に白羽の矢が立ったことがあります。

同じメンバーと再会した私は、彼ら彼女らの手帳を見せてもらいました。すると、9割以上の人が「究極の目的」を手帳に書いていませんでした。実際に行っていたのは、100人規模のセミナー参加者のうち、たった2人でした。

このように、ビジネス書を読んだり、セミナーに参加したりしても、実際にその手法を実践している人はごくわずかです。

実践してもいないのに、インプットだけで満足してしまったり、自分には無理だと決めつけてしまう人があまりにも多いわけです。

逆にいうと、**実践してしまえば、あなたはそれだけでライバルたちに一歩差をつけられます。**

本書を読んだら**即座に、手帳にあなたの「究極の目的」を書きましょう。仮想ライバルを見つけましょう。今日はそれだけでもOKです。それを始めるだけで、あなたはもう、人生の勝者になったようなものです。**

さて、本書もいよいよ佳境に入ります。覚悟を決めたあなたにお伝えします。

高速仕事術を習慣化していけば、あなた個人の仕事力は確実にアップします。

しかし、ひとつ注意しなければならないのは、あらゆる仕事は「他者があっての仕事」であるということです。

あなたがどんなに斬新《ざんしん》なサービスを思いついたところで、それを商品化してくれ

たり、広告を出してくれたりと、協力してくれる仲間がいなければ絶対に仕事は成功しません。

そこでこの章では、どうすれば人に信頼され、どうすれば人の心を動かすことができるのか、「対人力」を伸ばすための考え方をお伝えしたいと思います。

仕事の不満は「クライアントファースト」で解消する

コンサルティングの業界では、よく「バリュー（価値）」という言葉を使います。

「その企画書にはバリュー（価値）がありますか？」

「相手にとってのバリュー（価値）が見えない」

といった具合に使われます。

訳すと「付加価値」という意味です。バリューを受け取るのは仕事相手であり、相手にどんな付加価値を与えられるかが問われているのです。

ここで重要なのは、**バリューを決めるのは、あなたではなく相手だということです**。もしあなたが、最大限頑張った、時間もかけた、自分にとって価値があるもの、だったとしても、相手がそうだとは限りません。

つまり、**相手がしてほしいと思うこと、期待していること、それに応えることが本当の仕事です**。

そんなことわかっているよ！　と思うかもしれません。しかし、相手の立場で物事を考えることは、言うは易《やす》く行うは難《かた》し、の典型例です。

たとえば、あなたが設定した「究極の目的」は、誰のバリューになることでしょうか。そこが見えていないと、せっかくスキルを身につけても、誰の役にも立たない可能性があります。

私の会社では、必ず「クライアントファースト」で物事を考えるようにしています。

たとえば、ある社員にクライアントからクレームが入ったとしましょう。

しかし、たまたまその案件の窓口が、担当社員ではなく別のアシスタント役のコンサルタントだったとします。

このとき、クライアントファーストで行動できる人は、即座に担当社員に連絡を入れたり、上司に状況を報告して対応策を聞いてみたりと、クライアントを待たせないための策を講じます。

一方、バリューを理解していない人は、まず保身を考えます。できればクレームに関わりたくないと、担当社員が戻ってくるまで放置してしまうのです。

担当社員のためにクレームに対応したり、自分の時間を浪費してしまうことに納得がいかない気持ちもわかります。**しかし、視点を「クライアントファースト」に**

しておけば、行動に迷うことはなくなるのです。

会社で働いていると、「あのマネージャーはラクをしている」「ボーナスの分配がおかしい」など、さまざまな不満が生じるでしょう。

できる限りそういった不満を解消するのは経営者の役割ですが、こういった自分自身の不満を解消するのに役立つのも「クライアントファースト」で物事を考えるクセです。「あのマネージャーがラクをしている」からといって、そんなことはクライアントには関係のないことです。

まずは、クライアントのための行動するのを価値基準にしていけば、必ずあなたの評価は高まります。

もし、今の仕事に不満があるならば、自身が「クライアントファースト」で行動しているか見つめ直してみましょう。その仕事ぶりは、あなたの「バリュー」と

なっていくはずです。

ギブするために稼ぐ。稼いだらまたギブする

「クライアントファースト」と聞いても、会社が儲《もう》けるために社員を動かすための方便《ほうべん》にすぎないと感じる人がいるかもしれません。損得感情やコストパフォーマンスだけが行動原理になっている人に特にその傾向が強いようです。

ですが、「相手のために働くこと」「相手にギブする（与える）こと」は、巡《めぐ》り巡って必ずあなたに利益をもたらします。このことは心理学の研究でも実証されています。

ペンシルベニア大学の組織心理学者アダム・グラント教授は、人に惜《お》しみなく与えるギバー、自分の利益を優先するテイカー、損得のバランスを考えるマッチャー

の3タイプの人々が、どのような社会的地位にあるかについて調査しました。
するとギバーのポジションは平均で見ると低かったものの、**一流経営者やビジネスエリートなどの突き抜けた人材の多くは、やはりギバーだったそうです。**

その結果を受けて彼は、ソーシャルメディアで個人の考えや行動が可視化される時代において、ギバーはますます成功する時代になると提唱《ていしょう》しています。

私がユーチューブで、開始5カ月で6万人の登録者を獲得できたのも、このギブの法則を知っていたからです。

私は最初から、ユーチューブは視聴者とのつながりと信頼獲得だけを最優先して、情報やノウハウの出し惜《お》しみをやめようと決めていました。

まわりのユーチューバーたちが次々情報をクローズ化したり、有料のオンラインサロンを始める中で、です。そうしたほうがいいとアドバイスされたことも一度や二度ではありません。

この世界では、ファンが少数でも、熱狂的であれば利益がどんどん大きくなる、という法則を熱く語る人がよくいます。たしかに、マーケティング的には正しい判断ではあるし、否定はしませんが、それはギブの考え方とは真逆を行くと思っています。

そして、そうした方は必ずSNSで見透《みす》かされ、炎上していくことが多いと思います。

つまり、**利他《りた》の行動をとると、可視化された世界では評判がどんどん上がり、いい人脈が生まれ、ビジネスで成功を得やすい**、というわけです。

たしかに今の時代、悪い評判は一気にソーシャルメディアで拡散していきます。しかし、私はギブすべき本質的な理由は、そこではないと考えています。同僚の仕事を手伝ったり、オフィスに落ちているゴミを拾ったり、電車の席を譲ったりしても、誰かがそれを見てほめてくれるわけではありません。しかし、脳科学の視点から見ると、たとえ誰にも感謝されなくても、あなた自身の脳は見ているのです。

冒頭でも少し触れたように、脳には「前頭前野内側部《ぜんとうぜんやないそくぶ》」という自分の行動を評価する部位があります。あなたが利他の行動をとると、前頭前野内側部は、「よくやったね！」「素晴らしい！」と常に評価してくれるのです。

その結果、**誰からも評価されなくても、あなたの脳は常に喜びに溢《あふ》れ、小さな達成感を覚え、ドーパミンの分泌《ぶんぴつ》が増えて、心は前向きになり、仕事へのモチベー**

ションがアップするのです。

ギブすることの大切さは、この点にこそあると思います。与えれば与えるほど、脳が元気になり、仕事へのモチベーションが上がれば、それによってあなたの評判が上がるのも時間の問題です。

これが、「ギブする人は稼げる」ことの真相です。**稼いだお金を、さらなるギブに使えば、正のスパイラルが生まれ、期待や信頼を得て、あなたの周りには素晴らしい人間関係が構築されていくでしょう。**

他人から評価されるのを目的としたギブだと長続きしません。脳のパフォーマンスを上げるために、ちょっとしたことでもギブする習慣を持つようにしましょう。

High speed

金銭欲を捨てるとお金が集まってくる脳科学的理由

億り人になりたければ、金銭欲を捨てろ！

矛盾《むじゅん》しているようですが、**お金を稼ぐためには金銭欲を捨てなければなりません。**自分だけ得をしようとすると、いずれうまくいかなくなります。

金銭欲が強いと、人はついてこなくなります。人の生命を左右するものだけに、人間はお金に関する直感だけは非常に優れています。自分が儲けることしか考えていない人は、一瞬で見破られるものです。

そういう人は、どんなに取り繕《つくろ》っても、立ち居振る舞いも、話すことも、すべてが嘘くさく、自分勝手に見えます。あなたも、直感で「自己中心的な人だな」「うさんくさいな」と思ったときは、その直感を信じたほうがいいのです。

そして、私たちもそんな人物にならないように注意しましょう。仕事が軌道《きどう》に乗ってきて、まとまったお金が入ると、誰しも少なからず「調子に乗って」しまいます。そんなときは、**今調子がいいのはたまたまいい流れに乗っているだけだと自覚し、常に謙虚な気持ちを持つことが大切です**。

独《ひと》り占《じ》めするのではなく、儲けの何割かはくれてやる！　の心意気でいることが大切です。

私は創業時の一番苦しいときには、社員にはきちんと給料を払いながら、自分の給料は5万円に設定していました。自分のもとで人に動いてもらう。自分を信頼し、時間とチャンスを使ってくれる。そのことに感謝して、自分はまず部下を優先して、金銭欲を捨てることから始めました。

このことは投資の世界でも同じです。投資は、欲が出るとまず勝てません。欲に支配されたら、財産をすべて失う可能性があります。

すべてを独り占めして自分が儲けると考えると、必ず失敗します。株式市場はお金を奪い合って、相手を負かしている世界であり、自分が得をすれば必ず誰かが損をしています。だから、利益の何割かは残して当然、というメンタルセットをして、負けたときは誰かにお金を残しているのだ、と考えることが大切なのです。

こういった精神状態で臨むと、相手から奪うことばかり考えている投資家より余裕が生まれて、選択の視野も広がります。投資の世界では考えられないような手を打つことができます。その結果、勝ちが広がっていくのです。

金銭欲を捨てることが億り人になるコツだなんて、まるで禅問答《ぜんもんどう》のようですが、ここにも、脳科学のエビデンスがあるのです。

金銭欲を手放すと、なぜお金が集まってくるのか？

アメリカのウィスコンシン大学のダビッドソン博士らの研究グループは、脳にはアクセルに相当する部位とブレーキに相当する部位があることを発見しました。アクセルの部位が活性化すると心が前向きになり、ブレーキの部位が活性化すると心が沈むのですが、この研究グループは脳波の測定によってアクセルの活性が強い人はどのような人か突き止めたのです。

最もアクセルが活性していたのは、ダライ・ラマの通訳もしているチベット仏教の僧侶、マシュー・リカール氏という人物でした。

リカール氏は、通常時でも普通の人より10～100倍もアクセルが活性していました。また、「あること」をしていると、さらに5倍の50～500倍も普通の人より活性化していたのです。

その「あること」が何かわかりますか?

それは、彼が利他の心(慈悲《じひ》の心)で、人の幸せを願う瞑想《めいそう》をしているときです。このときの脳の状態は「セルフレス」と呼ばれています。つまり「私心がない」ということ。この研究によって、**金銭欲や名誉欲などの私心がない状態が、最も脳を活性化させることがわかったのです。**

一方、脳の機能を衰《おとろ》えさせているのは「エゴ」。すなわち「自分さえよければ」「自分さえ稼げれば」という心持ちでした。

エゴが強い人は、脳のアクセルとブレーキの回路が分断されてしまい、脳全体の機能を鈍《にぶ》らせてしまうことがわかりました。

つまり、**金銭欲を手放せれば、脳の機能が最大限に高まり、誰も思いつかなかったような発想や働き方をすることができるようになるのです。**

もちろん、私は金銭欲を捨てろと言っているわけではありません。経営者の使命は利益の追求と社員の幸福です。社員の幸福は給与の額に左右されるのも事実です。チベット仏教の僧侶のように、あらゆる私心を手放すことなど、一朝一夕《いっちょういっせき》にできることではありません。

しかし、もし自分が「自己愛」「自己中心的」な状態になっているときは、この研究のことを思い出してほしいと思います。私も欲が出そうなときは、**意識的に「利他の心」を心に刻んでいくことで、脳にブレーキがかからないように心がけています。**

\ High speed /

ウィズコロナの時代に求められる理想的なリーダーシップ

部下のモチベーションを上げる最適な方法

本書の読者にはリーダー（あるいは将来のリーダー候補）として、チームを組んで働いている人も多いでしょう。もしかすると、膨大《ぼうだい》な量の仕事を自分一人でこなすために、高速仕事術を覚えようとしているのかもしれませんね。

もちろん高速仕事術はその力になりますが、チームで進める仕事を一人の力で進めるのは無謀《むぼう》です。あまりのタスク量にメンタルを崩壊させたら元も子もありませ

ん。

そこで生じるのが、「どうすれば部下やチームメンバーのやる気を引き出せるか」というテーマです。人間関係に悩みを抱えている人はもちろん、リーダーや組織を束《たば》ねる人の永遠の謎かけでもあります。

部下のモチベーションが上がらずに悩んでいる方は、次の実験を知れば、自《おの》ずととるべき行動の正解がわかるはずです。

アメリカの精神科医のメイヨーと心理学者のレスリスバーガーは、シカゴにあるホーソン工場で、環境と作業効率の関係を調べる実験を行いました。工場の名前をとって、この実験は「ホーソン実験」と名づけられています。

この実験のため選ばれた6人の従業員は、「明るい照明に変える」「賃金を上げる」「休憩を多くする」「軽食の差し入れをする」「部屋の温度を適温にする」などの環境の変化によって、いずれも作業効率が向上しました。

つまり、働く環境を整えれば生産性は上がるのかと思いきや、今度は逆に「照明を暗くする」「賃金を下げる」「休憩を減らす」「軽食の差し入れなし」「部屋の温度を上げたり下げたりする」といった環境に変えたところ、このときも作業効率が上がってしまったのです。

さて、この実験が何を意味するのかわかりますか?

選ばれた6人の従業員は、事前に「あなたたちは大勢の従業員から選ばれた優秀な人材です。期待している」とだけ伝えられていました。そして、実験は会社の幹部にも注目されながら行われたものでした。

つまり、**従業員たちは「期待されている」と思いながら働いていたため、どんな**

環境下になっても生産性を上げる結果となったのです。

もちろん、劣悪《れつあく》な環境で働くことを推奨《すいしょう》するわけではありません。しかし、経営者やマネージャー層の中には、「人の心」というものに無頓着《むとんちゃく》な人が時折います。

以前、ある会合で知り合った経営者は、社員のモチベーションを上げるためには「労働環境を整えて、給料を上げればいい」とだけ考えていました。

そんなバカな、と私は思います。人の心は、小手先の手法だけで動くほど、単純なものではありません。

たしかに業績が好調なときは、口がうまくて、給料を上げて、労働環境を整えてあげれば、マネジメントすることなど難しくないでしょう。

しかし、コロナ不況に立たされている逆境の今、通り一遍のマネジメントをしているだけでは、人はその会社から離反《りはん》していくでしょう。

なぜなら、部下のことを将棋の駒だと思っているように、部下もまた経営者やマネージャーのことを「その程度の人」だとしか思っていないからです。

では、人の上に立つ者は、どうやって部下のモチベーションを上げて、逆境の中でも生産性を維持できるのでしょうか。

その答えは、「ホーソン実験」の通りです。

部下の働きをしっかりと見届けて、「期待している」ということをきちんと言葉として伝えることです。

私はこのとき、さらに自分の仕事に対する想いや、部下の教育や育成にかける情熱を伝えるようにしています。

特に入社して日が浅い社員には、私がどういう考えで社員の育成に力を注いでいて、あなたにどんなふうに仕事を通じて成長してもらいたいか、そのために私がどのように毎日接するかを約束（コミットメント）します。

このように、部下に対しての自分の役割を、暑苦しいと思われない範囲で（思われているかもしれませんが）情熱をもって伝えています。

古風な手法に感じるかもしれませんが、**部下を奮い立たせるには、まず自分が手の内を全部見せなければなりません。そして、それを言葉にしてきちんと伝えることです。**

これが、人の上に立つものの「最低限の礼儀」だと私は考えています。

結局のところ、人のモチベーションは策を練って上げられるものではないのです。特にコロナで苦境に喘《あえ》いでいる組織は覚えておくべきでしょう。

ほめるときは「プロセス」をほめろ

子育てでは「ほめて育てる」ことが世の中の常識になっています（小児心身医学では諸説あるのは事実ですが）。これは、社員教育にもいえ、脳は「ほめ言葉」をキャッチすると、ドーパミンが分泌され、やる気を司《つかさど》る前頭前野の血流がよくなることがわかっています。しかし、**「ほめ方」によっては、社員のチャレンジ精神を奪ってしまう可能性があるため注意が必要です**。

コロンビア大学のミューラー氏とデュエック氏は次のような実験をしています。10歳から12歳の子ども約400人に知能テストを受けてもらい、実際の点数は伏《ふ》せた上で、「君の成績は100点満点中80点だ」と全員に伝えました。その後、3つのグループにわけ、以下のコメントを伝えました。

・グループ1「本当に頭がいいんだね」
・グループ2「努力の甲斐《かい》があったね」
・グループ3　コメントなし

その上で、次の問題にチャレンジするのですが、子どもたちが「簡単な問題」と「難しい問題」のどちらかを選んでもらうようにしました。

すると、難しい問題を最も選んだ割合が多かったのは、「努力の甲斐があったね」とコメントしたグループ2で、90％の子どもが選びました。

そして、グループ3は55％。最下位はグループ1の35％という結果でした。

つまり、**子どものチャレンジ精神をうながす「ほめ言葉」は、結果ではなく努力というプロセスをほめることが大切である**ことが、この実験からはわかります。

ではなぜ、「頭がいいね」と、能力そのものをほめるグループ1のほめ方は、何もほめないよりもチャレンジ精神が失われてしまったのでしょうか。その理由は、プレッシャーにほかなりません。「頭がいい」という自分の評判を落とすことを恐れ、間違える可能性の少ない簡単な問題を選んだというわけです。

この実験は、子どもが対象のものですが、部下をほめる上でも参考になるでしょう。部下が成果を上げたとき、**「才能がある」とか「優秀だ」「センスがある」といったその人の能力をほめることは、逆効果になる可能性があるということです。**なぜなら、本当は才能がない、本当は優秀じゃない、本当はセンスがない、と発覚することを恐れて、難しい仕事を敬遠してしまうかもしれないからです。

その逆で、**それまで積み重ねてきた努力をほめてあげれば、部下は安心して次のチャレンジに向かえます。**やってきたことを上司が見ていてくれたことを知り、信頼関係を結べるようになるでしょう。

私の経験からは、本書で何度も紹介している「失敗の大切さ」も事前にきちんと説明すれば、その過程からも同じように部下の成長を促進《そくしん》できます。

なぜ失敗したのか、その原因を自分で考えさせて、次の改善策を報告させるのです。失敗は失敗で叱ることはありますが、その報告や改善策がよければきちんと評

部下のチャレンジ精神を伸ばすほめ方

価します。

もちろん、中には才能をほめてやることで、やる気が漲《みなぎ》ってくるタイプもいます。画一的《かくいってき》な指導法では対応し切れないのが指導の難しいところですが、**大事なのは部下の心をしっかりと見ることです。**

相手がどんな指導を求めているのか。それがわからないようでは、リーダーとして失格でしょう。

\ High speed /

人の心を動かすための会話・プレゼンの鉄板メソッド

最低限はおさえておきたい「伝える技術」

「お前の言うことは、わけがわからん！」

なぜか偉そうな顔をした上司に、このように言われたことはありませんか？

20代の頃、私は放送作家の先輩によく言われていました。自分が能力の劣《おと》っているダメ人間なんだと落ち込むこともありました。

ただ、今思い返すと、「人に伝える話し方」を知らなかっただけなのだとわかります。

話し方というものは、単なる技術で、才能はそれほど必要ありません。覚えてしまえば、ちょっと意識するだけで、誰でも話すことが上手になります。

多くのビジネス書に書かれているので、聞き飽きた方もいるかもしれませんが、**人に伝えたければ「結論から話す」**。これに尽きるでしょう。

その方法論として有名なのが「PREP法」です。それぞれの頭文字をとって、

①Point＝結論
②Reason＝理由づけ
③Example＝具体例
④Point＝結論の繰り返しで締める

です。

私はさらに、自分なりの工夫や改善を繰り返し、より伝わる話し方として、最初の結論のあとにメリットやオファーを加えています。

人は意外と相手の話を聞いていないものです。

ジャパネットたかたの高田明《たかたあきら》初代社長のようにカリスマ的に話し上手な人なら別ですが、私たちの普段の商談や会話などは、8割はきちんと相手に伝わっていません。そのため、**結論と一緒に「私の話を最後まで聞いていただけた場合には、あなたにはこのようなメリットがあります」と先に伝えてしまうわけです。**話の価値がイメージできたり、現在の相手の欲求や課題を解決できるものであるほど、相手はあなたの話に耳を傾けます。

実際、ユーチューブの動画評価を決めるときには、視聴数よりも視聴維持率が重要だといわれています。

どんなにたくさんの人に見られても、冒頭の数秒で飽きられて、すぐに離脱されてしまっては、ユーチューブを運営するグーグルからの評価を得られません。評価が得られないと、人気がないと判断されて推薦（レコメンド）されなかったり、広告単価が極端に下がったりします。

私はユーチューバーとして番組を育てる過程で、いくつかのトライ&エラーを重ねてきました。そのなかで、最も効果が高かったのが、この方法です。

冒頭の数分の間に、結論とセットで相手のメリットを提示するのが最も興味喚起《かんき》ができ、その後の理解を深める方法だと知ったのです。

話を組み立てる場合も、必ずこの方法でリスナーに伝えています。

そうすることで、ややもすると移り気で、飽きればすぐにほかのチャンネルへと移動してしまうリスナーを、最後までつなぎとめることができるのです。これもアウトプット×インプット×改善の「ＩＯＫ高速サイクル」から生まれた方法です。

つまり、ＰＲＥＰ法ならぬＰＭＲＥＰ法です。

①Ｐｏｉｎｔ＝結論
②Ｍｅｒｉｔ＆Ｏｆｆｅｒ＝相手のメリットを伝える
③Ｒｅａｓｏｎ＝理由づけ
④Ｅｘａｍｐｌｅ＝具体例
⑤Ｐｏｉｎｔ＝結論の繰り返しで締める

この順番で話せば人に伝わりやすくなります。たとえば、この本がどんな本なのか誰かに伝えるときは、次のようになります。

①結論：「本書は、高速仕事術という新しい働き方を紹介する本です。この本を読めば、仕事のスピードと成果を格段に上げることができます」
②メリット&オファー：「高速仕事術を実践すれば、３カ月後には新しいキャリアを構築でき、３年後には億り人になることだって夢ではありません。あなたが諦《あきら》めかけていた夢の実現にも大いに役立ちます」
③理由：「なぜ、高速仕事術は短期間で成果を上げられるのか？　その理由は２つあります。ひとつ目は、仕事に一点集中するフォーカス力が身につくから。もうひとつは、インプットとアウトプットと改善のサイクルがスピードアップするからです。このサイクルを速めることで、人は急成長をすることができます」
④具体例：「具体的な手法としては、たとえば『高速タイムアタック時間術』があります。これは……」
⑤結論：「時代は今、スピード感のある新しい働き方を求めています。この本はそ

のためのバイブルとなるでしょう」

といった具合です。

ＰＲＥＰ法、あるいは私の完全オリジナルであるＰＭＲＥＰ法は単なる「フレーム」なので、あらゆる事柄をこのフレームに落とし込んで話せば、自ずと伝わりやすい話し方になります。

プレゼンはもちろん、上司への報告やメールの文面、日常会話でも使える技術です。

私は、社員にも結論から話すように指導していますが、慣れていない人はこれがなかなか難しい。なぜなら、日本語はそもそも最後に結論が来る言語であり、私たちの思考も基本、結論は最後に来ることに慣れているからです。

これを強制的に逆転させるわけですから、技術よりも慣れが必要です。意識的に使うことで身につける必要があります。

そこでもうひとつオススメなのが、**話し始める前に、「結論を言うと」と心の中で話してから、実際に話し始めることです**。すると、自動的に脳が結論の言葉を探し出し、結論から話し始めることができます。

結論を話してしまえば、あとは、さほど意識しなくても問題ありません。なぜその結論になるのか解説していき、具体例など盛り込みながら説得していけばいいわけです。

この方法なら、相手の時間を浪費させずにすみます。**ビジネスで生きていくには、最低限、「結論から話す」ことを意識しておきましょう**。

人に信頼されたければ「パッション」を伝えろ！

ＰＲＥＰ法で伝える大切さについて話しましたが、結論から話したところで、その結論が相手に価値のないものだったら無意味です。

いくら伝え方がうまくても、その言葉で「人の心」が動くとは限りません。

むしろ、多少伝えるのが下手《へた》でも、伝えたいという「想いを伝える」ことのほうが、はるかに重要だと私は考えています。

私はＰＲコンサルティング会社の創業以来、自ら営業を続けてきました。

もう１人の役員と２人で、５畳のワンルームからスタートし、何百社もの会社を訪れてはプレゼンを重ねてきました。

ＰＲもコンサルの経験もなく、素人《しろうと》同然で業界に飛び込んだので、門前払《もんぜんばら》いされることも少なくありませんでした。しかし、そのたびに「何がダメだったのだろう

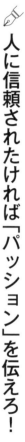

か」と考え、「ＩＯＫ高速サイクル」を回すのを止めませんでした。

そして３カ月ほど経った頃、ついに大きな新規案件をクロージングすることができたのです。

「上岡さんに任せることにしたよ」と話してくれたクライアント先の社長は、私を選んだ理由をこう話しました。

「あなたが一番、ＰＲという仕事に情熱を持っていた。そして、ＰＲが本当に好きなんだということがよく伝わった。だから、経験は関係なく、あなたに託《たく》すことにしたよ」

私は初めて大口案件を任された喜びよりも、５社あった大手を含む競合他社ではなく、不器用ながらも「情熱」を伝えた私を選んでくれたことに深く感動しました。

その夜は、役員とともに、東京の下町の居酒屋でうまい酒を飲んだことをよく覚えています。

私は、プレゼンや会議などのビジネス上のコミュニケーションでこそ、「情熱」を伝えることが最も大切だと思っています。「自分が今の仕事に情熱を注《そそ》いでいること」「この仕事をするのが好きであること」、それを言葉や態度で率直にクライアントにぶつけるのです。

すると、聞いているほうは必ず胸を打たれます。なぜなら、ほとんどのビジネスパーソンが、情熱など言葉にしないからです。

「自分が好きであることと、クライアントの利益は関係ない」と考えるかもしれません。実際、ビジネスライクが定着した今の日本社会において、こんなことを書いているビジネス書は皆無《かいむ》です。

でも、私たち現場のビジネスパーソンの日常を思い出してみてください。

私たちは「数字」や「ファクト」だけで物事を判断しているでしょうか？「数字」や「ファクト」はもちろん大切です。それは大前提。しかし、誰もがそれら容易に比較できる事実だけを大切にしている今、同じことをしていたら人の心を動かすことはできません。

だから、パッションを持って、あなたの想いを伝えることが、これからの時代のビジネスに欠かせないスキルだと私は思うのです。

そのパッションは嘘であってはなりません。本当に好きだから、好きだと相手に伝わるのです。本当に好きだから、言葉のままに伝わるのです。口先だけで言っても、それで相手の心は動かないでしょう。

会話のコツは「相手の呼気」に合わせるだけ

ただ、**パッションを伝えようとするあまり、聞き手を無視してマシンガントークをすることはいただけません。**対面の会話では、「相手の呼気《こき》（呼吸とリズム）に合わせる」ように心がけましょう。ゆっくりな人にはゆっくりと。テンション高めの人にはテンションを高く。

そうするだけで、会話のトーンも感情も不思議なほどぴたりと合わさってきます。相手が大人数なら、一番のキーマンに呼気を合わせるようにしてください。

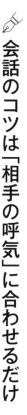

これは「ペーシング効果」といって心理学的にもその効果が証明されています。ペーシングとは、相手の呼吸や会話のスピード、まばたきなどのペースやリズムを合わせるコミュニケーションスキルです。

心理学における類似性の法則によって、短時間で相手の警戒心を解き、無意識レベルで好感を持ってもらうのに役立ちます。人間は自分と共通点のある人や似た雰囲気の人を好きになる傾向があるため、呼気が合うだけで仲間意識が芽生《めば》えるのです。

呼吸を合わせるコツは、相手が話している最中は息を吐き、会話が一区切りついたところで息を吸うことです。話している最中、相手は息を吐いているので、この方法で呼吸を合わせることができます。

それよりも簡単なのが、まばたきのペースを合わせることです。相手がまばたきをしたら、こちらもまばたきする。これを繰り返していると、しだいに慣れてきて、苦もなくまばたきを合わせることができるようになるでしょう。

呼吸のリズムがぴたりと合うと心地よさを感じてきます。運動やカラオケなどで相手と息が合うと、つい相手に好感を持ってしまうことがありますが、それと同じです。日本語の「息が合う」という言葉も、ここから生まれているのかもしれませんね。

ところで、根本的なところですが、仕事にパッションがない人はどうすればいいのでしょうか。

厳しく聞こえるかもしれませんが、パッションのない状態で今の仕事を続けても、成長はできないと思います。高速仕事術の継続も難しいです。なぜなら、高速仕事術はあなたのパッションに突き動かされて行うからこそ、高い成果が期待できるものだからです。

この機会に、あなたは自分の仕事が好きだといえるか、真剣に考えてみてはどうでしょうか。人生１００年時代、何歳からでも新しいことにチャレンジできます。

\ High speed /

逆境だからこそ力を発揮する高速仕事術

逆境は「逆張り」で突破しろ！

高速仕事術によってキャリアアップを果たした人は、ぜひ、さらなる高みを目指してほしいです。**その分野の「プロ」と呼ばれるまでに成長するには、人と同じことだけしていてもダメです。自分だけの強みを育《はぐく》むことを意識しなければなりません。**

私は、起業5年目でリーマンショックを経験しました。日本全体が大不況でしたが、例にもれず私の会社の資金も顧客《こきゃく》もどんどん減っていきました。

そんなときに思い出したのが、株式投資における「逆張《ぎゃくば》り」という手法です。これは、上昇相場のときに売って、下落相場のときに買うという、相場の流れや人気に逆《さか》らって売買する「攻めの投資法」です。

また、株で資産を築くには、不況のときにどれだけリスクをとってチャンスを集められるかが大事だとわかっていました。

だから私は、日本全体が暗くなっている今こそ、「逆張り」で、明るく前向きに元気に行く！　ことに決めました。

失うものなど何もない、今がチャンスだと気づき、不景気にもかかわらず、新たな社員を5人採用しました。「逆張り」で積極的に営業をかけ、事業を広げようと考えたのです。

その姿勢は功《こう》を奏《そう》しました。

リスクに果敢《かかん》に挑戦して、情熱を持って働く姿勢は社員にも伝わったのか、入社間もない社員たちも含めて、会社を存続させるために必死に支えてくれました。

また、クライアントにもこの不景気を共に乗り越えようと手を貸していただき、その結果、次々と爆発的な効果を発揮するＰＲを提案することができたのです。

誰もが知る大手ナショナルブランドのＰＲでは、あるテーマでプレスリリースを打ち、１カ月で日本の人口のおおよそ半分、６０００万人にリーチする大成功を収めることができました。

つまり、逆境のときこそ、思い切って、人がしない「逆張り」をすれば、活路《かつろ》を見出せる可能性が高まるということを知ったわけです。

ウィズコロナの時代、リーマンショック以上の不況が訪れています。**逆境のときこそ行動も心も「逆張り」して、攻めの姿勢を崩さないようにしましょう**。明るく、前向きに、元気に仕事に取り組んでいけば、必ず道は拓《ひら》けるはずです。

\ High speed /

第6章

高速仕事術にパワーを与える生活習慣

\ High speed /

脳科学的に効果ある運動をして、脳を活性化させよう

脳を鍛えたけりゃ、ダンスを踊れ!

高速仕事術を全力で行うには、仕事以外の日常生活でも、脳や心の健康を維持するように心がけることが大切です。そこで最後の章では、脳科学的エビデンスのある「脳の鍛え方」「脳の休ませ方」をお伝えしていきます。

まず、ぜひオススメしたいのが「ダンスを踊ること」です。 脳の発達や精神障害の研究を専門とする脳科学者ジョン・メディナ博士は、脳を鍛えるために「ダンス

を踊ること」を勧《すす》めています。

メディナ博士は60歳から94歳までの高齢者に協力してもらい、半年間にわたって週1時間ダンス教室に通ってもらったところ、ダンスをしなかったグループに比べて脳の認知機能（思考力・記憶力）が13％も向上したと報告しています。ダンスにもいろいろありますが、タンゴ、ジャズダンス、サルサ、太極拳など種類は問わないそうです。ただし、一人ではなく誰かと一緒に踊ることが必要です。

なぜ、ダンスをするだけで脳の機能が向上するかというと、ダンスは社交性が必要なアクティビティだからです。相手の動作に合わせる必要があり、また、一緒に踊る相手のことを考える時間にもなります。これが社交性を高めることにつながるのです。

実は社交性の高い人ほど、認知機能が高くなることがさまざまな研究で判明して

います。1万5000人の記憶力の低下率を6年間にわたって調査した研究では、社交的な人の記憶力の低下率は、社交的ではない人の半分程度だったそうです。

また、**他者との交流で脳の情報処理能力やワーキングメモリが向上することもわかっています**。ワーキングメモリの容量が増えれば、仕事で処理できるタスクが増え、脳が疲労を感じることも少なくなるでしょう。

ともすると、高速仕事術は孤独な戦いになります。休日には社交ダンスクラブにでも出かけて、心地よい汗を流してみてはいかがでしょうか。

HIIT（高強度インターバルトレーニング）をしろ！

昨今、筋トレがメンタルを整えるのに役立つと主張する人が増えてきました。これは脳科学的にも正しい事実です。

筋トレをすると、脳のシナプスを増やす成長ホルモン「BDNF（脳由来神経栄養因子）」が活性化したり、男性ホルモンの「テストステロン」が増えると考えられています。テストステロンはやる気を生み出すのに欠かせない物質です。

２０１７年、それまでの研究成果がまとめられ、筋トレとメンタルに関する総合的な分析がされました。それによると、**筋トレは健常者の不安やストレスを大幅に改善し、不安障害やうつ病を抱えている患者さんにも改善効果があることが示唆《しさ》されています**。筋トレによってシナプスが増えれば、情報伝達の速度も上がるので、思考力や記憶力、集中力をアップさせるのにも役立つでしょう。

ただ、いいものだとわかっても、筋トレは、モチベーションが高くないと、始めるまでのハードルが高いと感じる人もいるでしょう。しかし、ここで視点を少しずらしてみましょう。ハードルが高そうだと感じるのは、長時間やろうとするから億《おっ》劫《くう》になってしまうのであって、**たった4分で終わる筋トレと聞いたら、これらのリターンを手に入れるためにやってみたくなりませんか？**

その方法は「ＨＩＩＴ（高強度インターバルトレーニング）」と呼ばれています。

4種目の筋トレを「20秒しては10秒休む」を繰り返し、2周行います。

種目はさまざまなパターンがありますが、始めやすいのは「スクワット」「腕立て伏せ」「もも上げダッシュ」「腹筋」などでしょう（種目はいろいろ用意されているので、気になる方は「ＨＩＩＴ」でネット検索すれば調べられます）。

ＨＩＩＴを4分間、全力でやると、もうヘトヘトになります。

ヘトヘトになりますが、達成できたときの喜びはひとしおです。ドーパミンが脳内に溢《あふ》れてくるのを感じられます。

私はこのとき、息を整えて身体をリラックスさせながら、シナプスを大量のドーパミンが通過していくのをイメージします。すると不思議なことに、体も心もリフ

HIITのメニューの一例

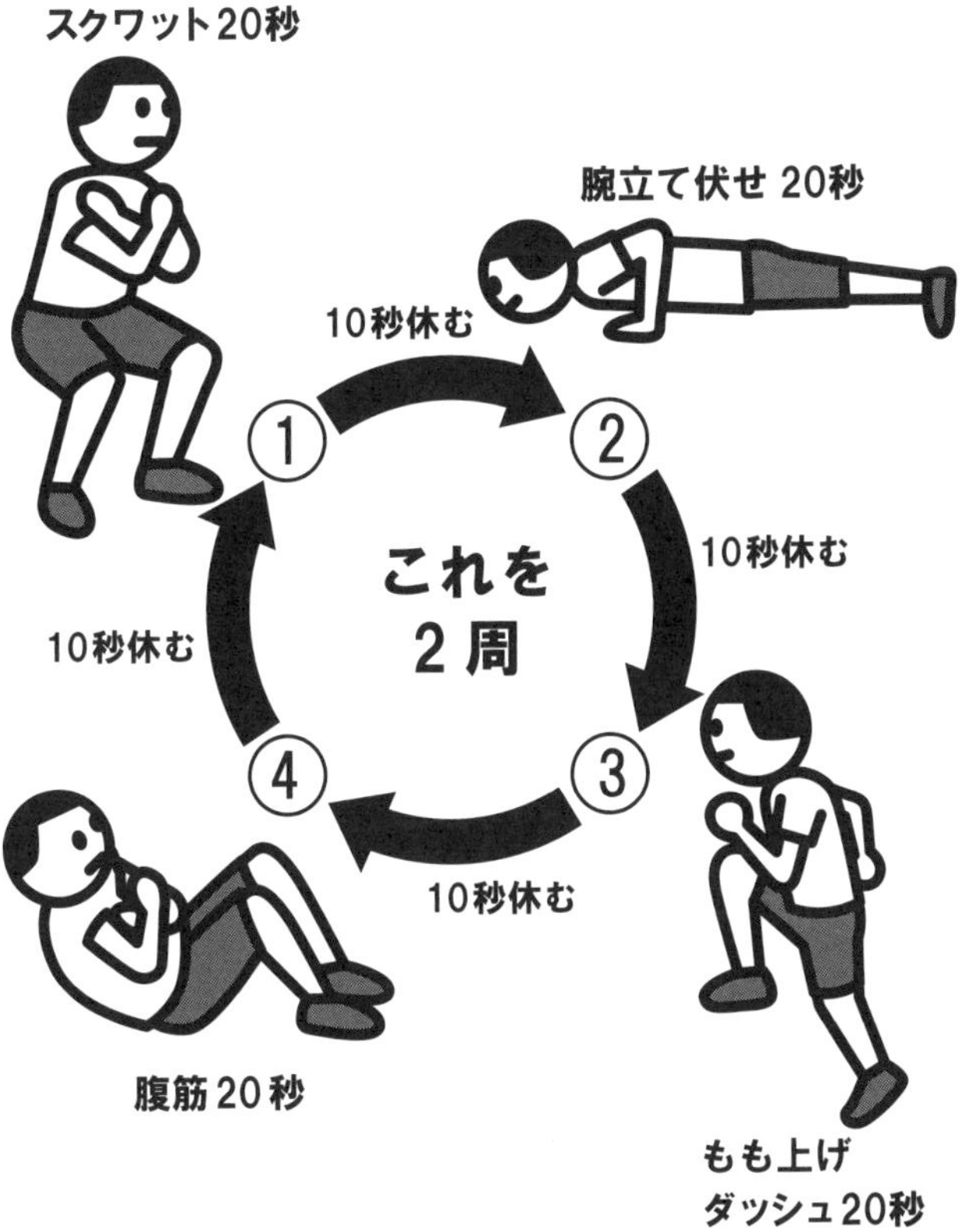

レッシュして、とても前向きな気分になれるんです。忙しいビジネスパーソンは、たった4分で終わるＨＩＩＴを習慣にしてみてはどうでしょうか。

背筋を伸ばして歩くと「やる気」が上がる

いやいや、ダンスも筋トレも、毎日忙しくてそんな余裕はないよ、という人もいますよね。そんな人は、次のことだけは心がけるようにしてみてください。

それは「下を向いて歩くな」ということ。

大ヒットした歌謡曲、坂本九《さかもときゅう》さんのように、涙がこぼれ落ちないように上を向いて歩こうと言っているわけではなく、歩くときも座っているときも「背筋を伸ばす」だけで、脳に好影響を与えることができるのです。

ハーバード大学の社会心理学者カディらの研究チームは次のような実験をしまし

た。背筋を伸ばした姿勢のグループと、縮《ちぢ》こまった姿勢をしたグループの唾液《だえき》の成分を調べたところ、前者のほうが、前述したやる気や決断力を伸ばすホルモン「テストステロン」が増加したことがわかったのです。

さらには、背筋を伸ばすと、ストレスホルモンの「コルチゾール」の分泌が減少し、メンタルを整えるのにも有効だと判明しています。**つまり背筋をシャンと伸ばすだけで、脳の機能を向上させることができるわけです**。

どうすれば、いい姿勢になれるかコツもお伝えしましょう。アゴを引いて、おへその下の丹田《たんでん》（下腹部）に力を入れ、お尻をぎゅっと持ち上げるように力をこめます。すると、無理をしなくても背筋がピンと伸びるようになります。

仕事に余裕がないときも、苦境に立たされているときも、いい姿勢をキープするように心がけましょう。姿勢をよくするほど、正しい決断ができる可能性が高まります。

\ High speed /

脳を元気にしたければ、働く環境と食にも注意を向けよ

仕事場に植物を置くのは脳科学的に根拠がある

グーグルやアマゾンといった世界的大企業には、オフィス内のほとんどの場所に植物が置かれています。オフィスに植物を増やす動きは世界的潮流になっていますが、実は脳科学的にも根拠があります。

たとえばイギリスのダービー大学は、８７１人分のデータを解析し、「自然との

触れ合いによって副交感神経が活性化しストレスレベルが減る」と発表。

ドイツのマックス・プランク研究所は、「半径1キロを森に囲まれたエリアに住んでいる人ほど、脳の扁桃体《へんとうたい》の働きが安定している傾向にある」と報告しました。

扁桃体は、不安や怒りなどネガティブな感情をコントロールする部位です。扁桃体の働きが安定していると、ネガティブな感情になりにくくなります。

また、都市部での統合失調症や不安障害の発症率は、都市化が進んでいない地域に比べて56％も高いとする研究もあります。


テレワークが主体であったり、フリーランスとして活動している人なら、コロナの時代、思い切って山奥に引っ越してしまうのも手です。

ただ、今のところ多くの人には現実的ではないでしょう。

だからこそ、職場に植物を増やす効果が見直されています。

「そんな権限は自分にはない！」という人は、せめてデスク周りに植物を置いてみませんか？　花屋さんに行けば、デスクに置くための観葉植物もたくさん売られています。

そして、休日にはぜひ、自然が溢れている場所に遊びに行きましょう。緑に囲まれた公園に出かけたり、登山やハイキングしたり、渓流《けいりゅう》釣りもいいですね。

たまには、メンタルの5段階ギアを「0」にする日も必要です。エンジンをずっと入れ続けていたら、車は壊れてしまいます。それと一緒です。高速仕事術に邁進《まいしん》しているときも、第2章で紹介した5段階ギアをイメージして、自然の中でしっかり休暇をとって、明日へと備えてください。

オメガ3を食べてシナプスを増やせ！

私はオタク気質があり、一度ひとつのことにハマると、徹底的にフォーカスして調べることがあります。

「食」についても、何を食べたら「脳が活性化するのかな？」という素朴な疑問から、さまざまな文献に手当たりしだいにあたったりします。

私は極限まで仕事にフォーカスすると、朝だけ食べて、昼夜は食べなくても大丈夫なように、身体の生命維持装置が働くことさえあります。そんなときは脳もたえず興奮状態のハイになっているので、さらに集中力が高まり、15時間ぶっ通しで調べ物をしたりパソコンを叩いていても平気です（かかりつけのドクターも認めたかなりの特異体質なので、真似することは絶対オススメしませんが）。

調査の結果、脳にいいとされる成分は、ざっとあげるだけでも以下の通り。

・鉄分、亜鉛、マグネシウムなどのミネラル、ビタミンB群、ビタミンC、ビタミンD、葉酸、必須《ひっす》アミノ酸、コリン、Sアデノシルメチオニン、オメガ3脂肪酸

そしてこれらを効率よく摂取・吸収するためには、

・全粒穀物、野菜、ナッツ類、豆類、ベリー類、鶏肉、魚介類、赤ワイン、オリーブオイル

などを食する必要があるんです。

要するに、体にいいとされているものを、3食に分けて全部食べろというわけです。

しかし、この食品にはこの成分が入っていて、脳にいいからさあ食べよう、みたいなことを果たしてできるでしょうか？

パートナーが専属の栄養士としてサポートしてくれるならまだしも、そんなこと

ができるビジネスパーソンはほんのひと握り。これらをすべてバランスよく摂取《せっしゅ》しろ、と主張している本もあり、呆《あき》れました。

呆れていても脳は元気にならないため、私は断言します。

脳を活性化させたければ、オメガ3を食べなさい！　と。

これが脳科学に基づく、脳を活性化させるための食の答えです。

オメガ３とは「オメガ３脂肪酸」のこと。主に、魚にたくさん入っている油です。皆さんもよくご存じのＥＰＡやＤＨＡは、オメガ３の油です。つまり、**魚を食べれば脳が活性化するのです**。

このことは昔から言われていますが、近年の脳科学の進歩で、オメガ３でなぜ脳が活性化するのか、そのメカニズムも明らかになってきました。

本書でもたびたび登場するシナプス（ニューロンとニューロンの間のつなぎ目）

は、実はオメガ3でできた膜によって覆《おお》われています。

オメガ3が不足すると、シナプスを覆う膜が硬くなったり、消失してしまいます。すると、ニューロン（神経細胞）間の情報伝達がスムーズに行えなくなり、思考力や記憶力、集中力といった脳の機能が衰《おとろ》えてしまうのです。

魚食が減っていったこの30年で、うつ病や双極性障害《そうきょくせい》の患者が増加しているのは、オメガ3の摂取量が減っているからだと指摘する専門家は数多くいます。

あなたは、最近、青魚を食べていますか？　専門家の多くは、脳のシナプスの機能を維持するためにも、最低1日1食は魚を食べることを勧めています。サバやイワシの缶詰にも豊富にオメガ3が含まれているそうです。

ただ、正直、そうとう食事に気を配っているご家庭は別にして、私たちが日常において毎日魚を食べるのは難しいでしょう。

そこでオススメなのが、えごま油の摂取です。**えごま油は非加熱で食べるオメガ**

3の油。これをスプーン1杯飲むだけで、1日に必要なオメガ3を摂ることができます。直接口に含むのに抵抗感がある人は、野菜やスープなどと一緒に食する手があります。

もちろん、青魚のオメガ3を絞《しぼ》り出したサプリメントを摂取するのも手です。しかし、オメガ3は熱に非常に弱く、すぐに酸化してしまうため、長期間保存に適しません。

もしサプリメントで摂取する場合は少量のケースに入ったものを買い、開封したら冷蔵庫などで保存して、できるだけ早く飲み切ってしまうほうがいいでしょう。

以上、脳を活性化させる「食の答え」をお伝えしました。もちろん、バランスのいい食生活を心がけるのは、仕事のパフォーマンスを上げるために必要です。暴飲《ぼういん》暴食《ぼうしょく》はやめましょう。

デスクに座るな！　カフェに行け！

私は、出社前や午後の眠くなる時間帯に、カフェで仕事をすることがあります。

カフェに移動するのは、2つの理由で脳の機能が活性化するからです。

歩いたり、移動したり、場所を変えたりといった行為は、脳の海馬《かいば》に存在する「場所ニューロン」を活性化させます。場所ニューロンはもともと、自分がどこにいるか覚えておくための神経細胞ですが、ここが活性化することによって、海馬そのものも同時に活性化することがわかっています。海馬の機能が高まれば、集中力や記憶力が同時に上がります。

つまり、**カフェへ移動することによって、途切れた集中力のギアをもう一度入れ直すことができる**わけです。

会社に勤めている人は、就業中にカフェで働くことは許されないかもしれません。そんな人は、会社の会議室を利用したり、スキマ時間に少し散歩をしたりするなど、長時間同じ場所に留まらないようにして、場所ニューロンを刺激するようにしましょう。

カフェを利用するといい２つ目の理由は、「コーヒー」です。

コーヒーにはカフェインによる覚醒作用があるばかりか、脳を元気にするさまざまな研究結果が発表されています。

集中力や記憶力が高まる、ドーパミンの分泌が増える、うつ病のリスクが20％低下する、など、エビデンスの検証が必要なものまでさまざまありますが、少なくともメンタルの改善効果は見込めそうです。

ただし、遺伝的にカフェインの代謝が悪い人がいるため、苦手な人は無理してコーヒーを飲むのはやめましょう。通常の人で、摂取目安量は１日に２～３杯までといわれています。

そして、ここからが本題ですが、**コーヒーは飲むだけでなく、香りをかぐだけでも脳を元気にすることがわかってきたのです。**

ソウル大学の研究チームが、正常マウスと寝不足のマウスに、コーヒー豆の香りをかがせたところ、寝不足のマウスに減少していた「ストレスから脳を守る分子」が部分的に回復することを突き止めたのです。このことから、コーヒーの香りには「破壊された脳細胞を修復する効果があるのでは」と期待されています。

コーヒーが飲めない人も、コーヒーの香りが漂うカフェで仕事をすれば、ストレスの解消になるわけです。

「場所ニューロン」と「コーヒーの香り」のパワーを借りられるお気に入りのカフェで、ぜひ高速仕事術を試していただければと思います。

＼High speed／

翌朝からフルパワーで働くための最強の休息法

脳を回復させる睡眠のコツ

高速仕事術で日中ドーパミンが分泌しまくると、ワーキングハイ状態が夜まで続き、寝つきが悪くなってしまうことがあります。

ぐっすり眠れないと、自律神経のバランスが崩れて、メンタルトラブルを引き起こしかねません。**翌朝からまた100％の脳力を発揮するには、睡眠の質を高める必要があります。**

ここでは、科学的に効果が実証されている「快眠のためのコツ」をお伝えします。実は私はもともと不眠症気味なのですが、この方法を覚えてから、睡眠の質がとても向上しました。

【睡眠の質を上げるためのコツ】

①就寝の2時間前までに夕食を終える

理由は血糖値を下げるためです。血糖値が高いまま眠ると、成長ホルモンが分泌されにくくなり、脳や体の細胞の修復がされず、疲労が残ってしまいます。

②就寝の90分前までに入浴を終える

人は眠りに入るとき、「深部体温が下がる」ことで眠ります。そのため、入浴によってあらかじめ深部体温を上げておけば、90分後には徐々に深部体温が下がるにつれてスムーズに入眠できるわけです。お風呂の温度は40度、15分程度の入浴が望ましいといわれています。

③ブルーライトを浴びない

ブルーライトは昼間の光の波長をしています。スマホやパソコン、蛍光灯などが発しており、昼間に活性化する「交感神経」を刺激するため、浴びると寝つきが悪くなります。入浴後はブルーライトを避け、暖色《だんしょく》系の照明で過ごしましょう。デジタル機器も手放し、読書でインプットする時間にすることをオススメします。

以上が、高速仕事術にパワーを与えるための生活習慣です。

すべて実践していただく必要はもちろんありません。

試してみて（アウトプットして）、いいと思ったら、ぜひ習慣化していきましょう。自分にはこの方法が効果的だと思う新情報を知ったら（インプットしたら）、迷わず改善して、あなたに合う手法に進化させていきましょう。

あなたの高速仕事術ライフが成功することを願っています。

巻末体験談

高速仕事術のおかげで、なりたい自分になれた！

実際に働き方を「高速仕事術」に変えた方に話をうかがいました。職場で実践したり、副業や起業のために使用したり、資格試験やキャリア形成のために活用している人もいます。どんな場面で利用でき、そして具体的にどんな成果を生み出せたのか、あなた自身の課題と照らし合わせて参考にしてみてください。

T・Hさん（35歳男性／IT関連企業勤務）

「残業地獄から解放されて、スキルアップのための時間を作れるようになった！」

私はヘルスケア関係のスマホアプリを開発する会社で働いています。小さな会社なので、新サービスの企画から開発、営業に至るまで業務は多岐にわたり、残業は当たり前の毎日。帰宅するのは基本終電で、休日出勤することも珍しくありませんでした。

しかし、コロナ禍をきっかけに働き方がテレワーク中心になったため、自分の働き方を見直そうと、ユーチューブで紹介されていた「高速仕事術」を試してみることにしました。これが、素晴らしい！　自分には集中力がないと思っていたのですが、**高速仕事術を実践してみると、高速ギアが入ったかのように集中してタスクを処理することができます。**また、自由な時間を確保できるようになったので、今ではプログラミングの勉強を始める余裕まで出てきました。3カ月前まで、一生「社畜」として生きていくことしか考えられませんでした。でも今は、**スキルアップを果たし、より条件のいい会社への転職を考えています。**高速仕事術が心も前向きにしてくれました。感謝しています。

M・Sさん（38歳女性／事務員→社会保険労務士）

「高速仕事術のおかげで資格試験に合格！短期間での開業に成功しました！」

大学を卒業してから社会保険労務士事務所の事務員として働いてきました。当初は社会保険労務士になるのを目指していましたが、結婚して子どもができると、いつしか目標へのモチベーションも下がり、なんとなく事務員としての日常を過ごしていました。

しかし、いつ雇い止めされるかわからない時代です。一念発起して、もう一度資格取得に向けて勉強することにしました。でも、子育てと仕事の合間に勉強しなければならないので、できるだけ短期間で成果を上げなければならない。そこで選んだ手法が高速仕事術です。**日常業務をこれまでより格段に速く終わらせ、久しぶりに開いた参考書でインプット**を重ねていきました。そして今年、ついに**合格率6％程度の難関試験に合格！　その勢いで独立開業も果たしました。**

高速仕事術は、どんな仕事や勉強にも使えるため、開業してからも継続しています。最高のビジネスパートナーといえるかもしれませんね。

Y・Mさん（42歳男性／広告代理店勤務→会社経営者）

「二の足を踏んでいた起業の夢がかない、想像を超える利益を1年目から生み出せています」

大手広告代理店に勤務していました。同期や後輩など、優秀な人間ほど起業や独立していく中、起業したいという漠然とした夢はあるものの、行動力に乏《とぼ》しい自分には難しいだろうと半ば諦《あきら》めていました。そんな折、朝活で知り合った上岡さんに、どうして多忙な経営者でありながら次々と新しいキャリアを築けるのか、話をうかがう機会がありました。衝撃的だったのが「**ToDoリストは仕事のやる気を削《そ》ぐ**」というお話。私にも思い当たるふしがありました。

そこで上岡さんに高速仕事術のやり方を教えてもらうと、**信じられないくらい仕事へのモチベーションが上がった**のです。とにかく行動を始めてみようと決意でき、会社を辞めて起業したのが1年前のこと。順調に利益を生み出し、想像以上にいいスタートを切れています。高速仕事術は、仕事のやる気を上げるのにも大変役立つ「思考法」でもあります。何か新しいことを始めるときは、知っておいて損はないでしょう。

T・Kさん（55歳男性／商社営業部門）

「高速仕事術を導入してから、心に余裕が生まれ、部下との関係も良好になった」

専門商社の営業として日々数多くの商談をこなしています。顧客のニーズを聞き出したり、新しい企画を提案したりと、1日の大半を外回りに費やしているため、必然的にデスクワークは夕方の時間帯になります。そのタイミングで部下から声をかけられることが多く、それで集中が途切れたときは不機嫌な応対をしてしまうこともありました。

リーダーとして、もっと心に余裕を持った働き方をできないものかと始めてみたのが「高速仕事術」です。マルチタスクではなく、シングルタスクで物事を進めていくことを意識し始めてから、仕事のスピードは格段に速くなったと思います。また、**仕事に集中する時間と、部下とコミュニケーションをとる時間が明確に分けられたことで、人間関係も良好になりました**。

高速仕事術は、行動力に不安がある20代30代の若い人、営業職の人にも役立つ働き方だと感じています。

I・Dさん（28歳男性／製造業会社員）

「トリプルキャリアの時代、副業を始めるのに高速仕事術はもってこい」

私くらいの世代は、「会社は自分の人生を守ってくれない」ことなど自覚しているため、いかに自分の能力を伸ばし、自分の価値を高めるかに仕事の比重を置いている人が多いのではないでしょうか。私は、教育者の藤原和博《ふじはらかずひろ》さんが言っているように、最低でも3つの分野でキャリアを形成したいと考えています。トリプルキャリアを築けば、将来食いっぱぐれることがありません。すでにそれを実現している上岡正明さんの「高速仕事術」は、キャリア形成のための虎の巻といえます。私は今年、副業としてユーチューブを始めましたが、**高速仕事術によって3カ月後には会社の給料を超える金額を稼ぐことに成功しました**。今はさらなるキャリア形成を狙って、ゲームシナリオライターとして活動するためのアウトプットを開始しています。今の働き方に不安を抱えている人は、この機会がチャンスかもしれません。私は、自分が成長できない働き方は二度としません。**高速仕事術を生涯続けて、成長し続けたいと思っています**。

おわりに

つい先日、20代前半の頃にとてもお世話になった方と、20年ぶりに再会しました。彼は、シンガポールや東京の六本木で有名な飲食店を経営しているビジネスオーナーです。

当時の私は、仕事の生産性は誰よりも低く、たくさんの人に迷惑をかけて働いていました。

彼は、社員でもないそんな私を気にかけてくれ、プライベートをつぶして深夜まで叱責してくれたり、仕事のイロハやビジネスマインドの基本を教えてくれたりしました。

そんな彼が、たまたま私のユーチューブ番組を見て、メールでコンタクトをとってきてくれたのです。

私は彼との再会を喜び、当時の感謝とお詫びをしました。

すると、彼は当時と変わらない品の良い笑みを浮かべて、こう言ったのです。

「まわりに迷惑かけてばかりいた君が成功して、本当によかった。僕も仕事を教えたかいがあったというものだよ。かくいう僕も、若い頃にまわりの人に教えられ、活かされ支えられて、今のビジネスで成功できたと感謝しているんだ。

だから、君のような若者が現れたら、その恩返しをすると決めていた。感謝を伝えにきてくれて本当にありがとう」

無人島で生活することを選択する以外、人はお金を稼いだり、誰かと関わったりして生きていくことになります。

『仕事』はそうしたあなたに、収入だけではない、出会いや成長、生きる喜び、周囲への感謝、夢の実現など、それこそ両手にたくさんのものを与えてくれます。

もし、あなたがまだ仕事をする『本当の意味』を手に入れていないのであれば、これほどもったいないことはありません。

あなたが高速仕事術をきっかけに、まわりの上司や後輩、ご家族に貢献し、多くの感謝に包まれながら、彼ら彼女らの人生を『活かして』いくことを願ってやみません。

本書をお読みいただき、本当にありがとうございました。

また、どこかでお会いできることを心より祈っております。そのときは、あなたが改善した高速仕事術を、ぜひ熱く聞かせてください。その日をとても楽しみにしています。

素晴らしい人生と周囲への感謝とともに。

自分のやりたいことを全部最速でかなえるメソッド

高速仕事術

発行日　2021年 2月1日　第1刷
発行日　2021年 2月2日　第2刷

著者　上岡正明

本書プロジェクトチーム
編集統括　柿内尚文
編集担当　小林英史
編集協力　オフィスAT、寺口雅彦
カバーデザイン　井上新八
本文デザイン　菊池崇＋櫻井淳志（ドットスタジオ）
イラスト　植本勇
校正　植嶋朝子
DTP　伏田光宏（F's factory）

営業統括　丸山敏生
営業推進　増尾友裕、藤野茉友、綱脇愛、大原桂子、桐山敦子、矢部愛、寺内未来子
販売促進　池田孝一郎、石井耕平、熊切絵理、菊山清佳、吉村寿美子、矢橋寛子、遠藤真知子、森田真紀、大村かおり、高垣真美、高垣知子
プロモーション　山田美恵、林屋成一郎
講演・マネジメント事業　斎藤和佳、志水公美

編集　舘瑞恵、栗田亘、村上芳子、大住兼正、菊地貴広
メディア開発　池田剛、中山景、中村悟志、長野太介、多湖元毅
管理部　八木宏之、早坂裕子、生越こずえ、名児耶美咲、金井昭彦
マネジメント　坂下毅
発行人　高橋克佳

発行所　株式会社アスコム

〒105-0003
東京都港区西新橋2-23-1　3東洋海事ビル
編集部　TEL：03-5425-6627
営業部　TEL：03-5425-6626　FAX：03-5425-6770

印刷・製本　中央精版印刷株式会社

Printed in Japan ISBN 978-4-7762-1116-7